Der Traum vom eigenen Schwimmteich

Wolfram Franke

Der Traum vom eigenen Schwimmteich

Planung • Anlage • Technik • Bepflanzung • Pflege

blv

Inhalt

Pool oder Pond? 7

Wir legen einen Schwimmteich an 11

Die wichtigsten Fragen vorab 11
Die konkrete Planung 14
  Der richtige Platz 14
  Der Zugang 15
  Anbindung ans Haus 16
  Einbindung in den Garten 16
  Was ist bei einer Hanglage
    des Gartens zu beachten? 16
  Wie möchten Sie ins Wasser
    einsteigen? 18
  Tiefes und flaches Wasser 19
  Welcher Grundriss? 19
  Kindersicherung 19
Genau Maß nehmen 20
  Der eigene Schwimmteich-Plan 22
  Höhenmessung 22
Bodenaushub der Teichmulde 25
  Den Aushub berechnen 25
  Bagger und Geräte 26
  Wohin mit dem Aushub? 28
  Schichtweises Ausheben 28
Die Grenze zwischen
  Schwimmen und Wachsen 30
  Überragende oder
    nahtlose Abgrenzung? 33
Folie auslegen
  und Teich befüllen 36
  Was tun bei Falten? 36
  Folie und Stützmauer 37
  Der Teichrand 40
  Wasser einfüllen 41
Die Bepflanzung
  des Vegetationsgürtels 42
  Die drei Pflanzenzonen 42
  Die Vegetationsgürtel 45
  Pflanzen für die drei Tiefenzonen 46
  Wasserpflanzen für Teichbiotope 48
  Der Teichboden 50
  Pflanzung in Körbe oder nicht? 50
  Qualität der Wasserpflanzen 52
  Pflanzzeit und Pflanzung 53

Was wäre
  ein Teich ohne Ufer? 54
  Ein bequemer Einstieg 54
  Sitz- und Liegeplatz 56
  Schützender Erdwall 58
  Wall- oder Strauchhecke 58
  Abwechslungsreiche Randzonen 59
  Trockenmauer
    als ergänzender Kontrast 61
  Stauden und Gräser 62
  Gelungene Gestaltung 64
  Die Pflanzung 65
  Stauden für
    das Schwimmteichufer 66
  Blumenwiese 70

Abdichtungsmethoden und -materialien 73

Folien für den Schwimmteich 73
Fertigteiche zum Baden? 74
Gemauerte Becken und
  Betonbecken 75
Dichter Teich mit Lehm oder Ton 76
Grundwasserteich 78

Badeelixier Wasser 81

  Wasserhärte 81
  pH-Wert 81
  Nitrat im Wasser – kippt
    der Teich um? 82

Phosphate 82
Regen- oder Leitungswasser 83
Wasserqualität 83
Badeteich und Swimmingpool –
   unterschiedliche Wasser-
   qualität 83
Das biologische Gleichgewicht 84
   Mückenplage 85
   So stellt sich
   das Gleichgewicht ein 85
Fische in den Teich? 87

Filterung und Umwälztechnik 91

Die Pflanzen-Kläranlage 91
   Größe und Anlage 93
   Auswahl der Pflanzen 93
Filteranlagen 93
   Oberflächen-Skimmer 94
   Dreikammerfilter 95
   Schwimmbadfilter 95
   Pumpen 96
**Bewegtes Wasser – Springbrunnen
   oder Bachlauf 96**

Das erste Bad 99

Beispielhafte Schwimmteiche 101

**Vom Swimmingpool
   zum Badeteich 101**
**Ökologisches
   Familienbad Lindenthal 103**
**Großer Schwimmteich
   mit Holzabgrenzung 106**

Schwimmteich mit eingebautem
   Holzbecken 108
Schwimmteich in Hanglage 110
Badeteich mit Holzdeck und seich-
   tem Einstieg für Kinder 112
Schwimmteich mit Skimmer und
   Filtersystem 114
Schwimmteich mit
   Betonschalsteinmauer 116
Ein Schwimmbad-Biotop 118
Ein Badeteich, ganz
   mit Regenwasser gefüllt 120
Badevergnügen
   in der Senkgrube 122
Badeteich mit Abgrenzung
   aus Recyling-Kunststoff 124

Schwimmteiche rund ums Jahr 127

Frühjahr 127
Sommer 130
Herbst 132
Winter 133
**Probleme, Krankheiten
   und Schädlinge 135**
   Algen im Schwimmteich 135
   Wasserwechsel 136
   Generalreinigung 136
   Schädlinge im Schwimmteich 136

Der Schwimmteich – nicht mehr wegzudenken 138

Bezugsquellen 140
Stichwortverzeichnis 142

Pool oder Pond?

Pool oder Pond? Schwimmbad oder Teich? – das ist die Frage, die sich Ihnen stellt, wenn Sie beschlossen haben, fortan im eigenen Garten zu baden.

Grundsätzlich haben Sie die Wahl zwischen Swimmingpool und Schwimm- bzw. Badeteich. Im Jahr 1984 wurde der holsteinische Unternehmer Paul Schwedtke seines türkisfarbenen Swimmingpools überdrüssig. Er ließ einen Bagger anrücken, der brach die Betonwände des Schwimmbeckens um die Hälfte ihrer Höhe ab, hob rundherum noch Erde aus und verlegte durch die so erweiterte Grube eine Folie. Die neu geschaffenen Randzonen bepflanzte Paul Schwedtke mit Sumpfiris, Schwanenblumen und Seerosen wie einen Gartenteich; die Mitte, also das ursprüngliche Becken, ließ er frei (siehe Bild links). Ich hatte ein halbes Jahr nach der Neuanlage das Vergnügen, in diesem neu geschaffenen Badeteich zu schwimmen. Noch heute glaube ich, das wohltuend weiche Wasser auf meiner Haut zu spüren, wenn ich an das Bad denke. Diesen ersten Badeteich Deutschlands gibt es noch immer. Wenn Sie einmal nach Ruhwinkel in der Holsteinischen Schweiz kommen, können Sie ihn auf dem Gelände der Firma re-natur besichtigen. Das Wasser ist glasklar – obwohl es nie ausgetauscht, gefiltert oder umgewälzt wurde, obwohl der Teich nie in irgendeiner Form von Schlamm befreit oder gereinigt wurde. Nur wenn man dicht an sein Ufer tritt, erkennt man in der Mitte die Konturen des ursprünglichen Beckens; ansonsten könnte man glauben, ein natürliches Gewässer oder einen ganz normalen Gartenteich vor sich zu haben.

Seitdem ich diesen Teich in meinem 1988 erschienen Buch »Faszination Gartenteich« (BLV Verlag) vorgestellt habe, ist ein wahrer Boom im Bau von Badeteichen ausgebrochen. Vor allem in Österreich, wo die Schwimmteich-Idee wohl ihren Ursprung hat, gibt es inzwischen mehrere, nur auf die Anlage von Badeteichen spezialisierte Firmen. Sie haben unterschiedliche Systeme mit geschützten Markennamen entwickelt, von denen es in Deutschland bereits einige Lizenznehmer gibt (siehe Seite 140). Vor kurzem wurde sogar ein Verband der Österreichischen Schwimmteichbauer gegründet, deren Präsident der Firmeninhaber Richard Weixler aus Wels ist.

Ein Schwimmteich hat gegenüber öffentlichen Badegewässern, wie zum Beispiel einem See, den großen Vorteil, dass er gleich hinter dem Haus liegt. Sie können darin die ganze Badesaison hindurch ihr morgendliches Bad nehmen, und abends noch einmal eines. Und wenn Ihnen um Mitternacht danach ist, nochmal

◁ Haus und Schwimmteich bilden eine Einheit, wie das Spiegelbild im Wasser zeigt.

kurz ins Wasser zu hüpfen, so steht Ihnen auch das frei und bereitet keinerlei Probleme. Sie sparen sich weite Wege mit dem Auto und die Suche nach einem Parkplatz. Sie entgehen dem Gedränge am Strand, auf der Liegewiese und im Wasser, wenn Sie sich erholen und entspannen wollen.

Außerdem sind auch die Badeseen nicht mehr das, was sie einmal waren. Nitrat- und Phosphatwerte steigen mancherorts im Sommer bedrohlich an, Enten verbreiten Krankheitserreger, so dass es hier und dort sogar zu Badeverboten kommt. Entwicklungen, denen Sie im eigenen Badebiotop selbst vorbeugen können.

À propos Biotop: Verständlicherweise ist auch aus Gründen des Naturschutzes nicht jedes öffentliche Gewässer zum Baden freigegeben. Umweltbewußte Badefreunde halten sich an derartige Badeverbote, denn sie wollen auf keinen Fall die letzten Biotope am Wasserrand mit der noch erhaltenen Vielfalt ihrer Lebewesen beeinträchtigen.

Bliebe noch das öffentliche Schwimmbad. Damit Sie sich keinen Fußpilz holen, gibt es dort spezielle Fußduschen, mit deren Hilfe Sie Ihre Füße desinfizieren können. Das Wasser ist gechlort – nicht allein des Fußpilzes wegen. Das stechende Chlorgas reizt Nase und Augen. Und vor dem Ankleiden desinfizieren Sie sicherheitshalber noch einmal Ihre Füße... Ihr sommerliches Bad im öffentlichen Schwimmbad ist also voll und ganz von Chemie begleitet.

So genau müßten Sie es in Ihrem eigenen Swimmingpool mit der Desinfektion zwar nicht nehmen, aber auch dessen Wasser bleibt nur mit Hilfe einer aufwändigen Filteranlage und Chlor sauber und keimfrei.

Ein Schwimmbecken im eigenen Garten ist zudem eine teure Angelegenheit. In Beton gegossen, erfordert es einen ungeheuren baulichen Aufwand. Ein fertiges Becken aus Kunststoff mit etwa 9,3 m^3 Fassungsvermögen kostet rund 11 000 Mark; Transport und Montage kommen noch dazu. Im Winter müssen Sie das Wasser ablassen und zur Badesaison das Becken wieder neu füllen. Das belastet die Wasserrechnung enorm, von der alljährlichen gründlichen Reinigung gar nicht zu reden.

Bei einem Schwimmteich läßt sich zwar die Hilfe durch einen Unternehmer, der die Grube ausbaggert, ebenfalls meistens nicht umgehen, aber beim Bau können Sie die Kosten doch zumindest durch Mithilfe etwas drosseln. Außerdem sind die Materialkosten geringer (siehe Beispiele Seite 101 ff.). Das Wasser bleibt den Winter über im Teich, und Sie brauchen keine chemischen Mittel einzusetzen. Ganz abgesehen davon, dass der Badeteich, auch wenn er künstlich abgedichtet und angelegt wurde, sich doch sehr schnell zu einem natürlichen Gewässer entwickelt, in dem blühende Pflanzen gedeihen, Libellen, Frosch & Co. zu Hause sind. Einziger »Nachteil« gegenüber einem Schwimmbecken: Er braucht bei gleicher Größe des Badebereiches noch einmal ebenso viel Platz für die Vegetationszone. Dafür bietet er jedoch einen ganzjährig attraktiven Anblick und er wird fortan Ihren Garten eindeutig prägen.

Die richtige Entscheidung

Klares, weiches Wasser, von Pflanzen umgeben – so unterscheidet sich ein Schwimmteich kaum noch von einem natürlichen Gewässer.

Um sich selbst vor Enttäuschungen zu bewahren, sollten Sie vorab einmal Ihre eigenen Wünsche und Vorstellungen prüfen: Wollen Sie einen Schwimmbereich mit immer absolut sauberem und klarem Wasser? Stört es Sie, wenn sich mit der Zeit am Boden etwas Mulm absetzt, der sich aus Pflanzenresten gebildet hat, und den Sie beim Baden vielleicht aufwirbeln? Haben Sie Angst, ein Frosch oder ein Schwimmkäfer könnte beim Schwimmen Ihren Weg kreuzen? Wenn Sie diese Fragen alle mit »ja« beantworten, dann sollten Sie sich die Sache mit dem Schwimmteich noch einmal reiflich überlegen! Vielleicht entscheiden Sie sich dann lieber für einen herkömmlichen Swimmingpool und betten ein solches Becken in eine naturnah angelegte Staudenrabatte ein.

Möchten Sie aber ein Gewässer, das einem natürlichen Teich sehr ähnlich sieht, dessen vorübergehende Trübungen Sie nicht stören und in dem Sie sich über jeden Frosch, jede Kröte und jeden Molch freuen, dann ist der Badeteich für Sie ideal. In einem richtig angelegten Badeteich bleibt das Wasser meistens klar und sauber. Vorübergehende Trübungen und Algenbildungen gehören zum Selbstreinigungsprozeß eines jeden Gewässers. Wie Sie vorbeugend – mit und ohne Technik – dafür sorgen können, dass dieser Selbstreinigungsprozeß erhalten bleibt, erfahren Sie in den nachfolgenden Kapiteln. Frosch & Co. besiedeln übrigens den Teich hauptsächlich außerhalb der Badesaison. Die Amphibien brauchen das Wasser vor allem zu ihrer Fortpflanzung, zum Ablaichen im Frühjahr. Die letzten jungen Molche verlassen das Wasser, wenn Sie Ihre Badesaison eröffnen. Ganz abgesehen davon, dass sich alle Amphibien vornehmlich im flachen Wasser aufhalten. Frösche, Kröten, Unken, Molche und Salamander, also unsere heimischen Amphibien, sind übrigens äußerst saubere Tiere. Im eigenen Badebiotop haben Sie Gelegenheit, diese Amphibien sowie Insekten und viele andere Tiere genau zu beobachten. Neben dem Badespaß ist daher der Schwimmteich vor allem für Kinder eine echte Attraktion und Bereicherung.

Also: Von Frosch & Co. droht keine Gefahr. Auch Libellenlarven leben in den flachen Vegetationsbereichen am Rande des Badeteichs, sind scheu und zwicken ebenso wenig in den Zeh wie die geschlüpften Libellen stechen – dies ist jedoch ein sich hartnäckig haltendes Gerücht, das jeder Grundlage entbehrt. Aber haben Sie schon einmal eine Libelle schlüpfen sehen? Ein Abenteuer, das Sie im eigenen Badebiotop erleben können!

Wir legen einen Schwimmteich an

Die wichtigsten Fragen vorab

Bevor Sie anfangen, eine Grube auszuheben, in der dann Ihr Badebiotop entstehen soll, müssen Sie sich selbst einige wichtige Fragen beantworten: Wie groß soll der Schwimmteich werden? Dies hängt sicher vor allem von der Größe des Gartens ab und davon, wieviel Platz Sie dem Teich einräumen wollen. Die Antwort lautet in jedem Fall: so groß wie möglich. Die **Mindestgröße** funktionstüchtiger Schwimmteiche, also solcher Teiche, die sich ohne oder nur mit geringem Einsatz von Filtertechnik selbst reinigen, liegt bei einer Oberfläche von 60 m². Ein Badeteich von 60 m² passt vielleicht gerade noch in einen Reihenhausgarten. Im Durchschnitt werden in Hausgärten Teiche von 70 bis 150 m² Oberfläche gebaut. Diese Maßangaben umfassen den Schwimmbereich mit der Vegetationszone. Beide sollten etwa gleich groß sein. Wenn Sie den Wasserpflanzenbereich noch größer gestalten können, um so besser. Nach oben hin sind keine Grenzen gesetzt, sofern Sie ein großes Grundstück besitzen und die Anlage eines großen Bade-Biotops bezahlen können. Natürlich kommt es auch darauf an, wie häufig gebadet wird. Möchten Sie sich allein oder zu zweit nur ge-

◁ Aus dem Haus direkt ins Wasser: Der Schwimmteich macht den größten Teil des Gartens aus.

Die Randzonen des Schwimmteiches müssen mit besonderer Sorgfalt ausgebildet werden.

Die wichtigsten Fragen vorab | 11

legentlich an heißen Sommertagen darin abkühlen, reicht ein kleineres Tauchbecken durchaus aus. Badet jedoch während des ganzen Sommers fast täglich eine ganze Familie und vielleicht noch Freunde und Nachbarskinder darin, so kann der Schwimmteich gar nicht groß genug sein.

Aber nicht nur die Fläche, auch die **Tiefe des Teiches** spielt allein schon aus praktischen Gründen eine Rolle. Mehr Tiefe ist grundsätzlich vorteilhaft. Aber je tiefer Sie einen Badeteich anlegen, desto mehr ausgehobene Erde fällt an. Was tun Sie damit? Schön, wenn Sie genügend Platz haben, diesen Aushub zur Modellierung eines Hügels, zur Anlage von Hochbeeten, zur Gestaltung eines Alpinums oder zum Aufschütten eines Erdwalls verwenden können. Wenn nicht: Auf welchem Weg können Sie die Erde aus Ihrem Garten abfahren lassen?

Beziehen Sie das **Umfeld** in ihre Planung ein, also die Bäume und Sträucher an der Grundstücksgrenze sowie die Nachbargrundstücke. Stehen beispielsweise im Nachbargarten an der Grundstücksgrenze Gehölze, so brauchen Sie ja keine mehr zu pflanzen. Sie können diese Kulisse nutzen

Bei einem Hanggrundstück sollten Sie auf jeden Fall einen Fachmann zu Rate ziehen, um durch geeignete Stützmauern den Einschnitt in den Hang nach oben zu befestigen und nach unten dafür zu sorgen, dass der Badeteich nicht auslaufen kann.

und eine Blumenwiese oder eine Staudenrabatte davor anlegen. Außerdem ergibt sich die Frage, ob Sie **nachbarrechtliche oder baurechtliche Vorschriften** einhalten müssen. Sind Sie sich von vornherein mit den Nachbarn einig, entbindet das eventuell von der Einhaltung mancher Vorschrift. Sie können dann mit dem Teichufer vielleicht näher an die Grundstücksgrenze herangehen oder andere Gestaltungsmaßnahmen vornehmen, bei denen Sie sonst einige Vorschriften einhalten müßten.

Da die Bestimmungen in den einzelnen Bundesländern sowie im benachbarten Ausland, manchmal sogar in den einzelnen Kommunen, recht unterschiedlich sind, sollten Sie sich auf jeden Fall vorher bei Ihrer zuständigen Behörde erkundigen, um späteren Ärger zu vermeiden. Liegt Ihr Grundstück in einem Landschaftsschutzgebiet, so muss der Teich mit Sicherheit genehmigt werden. Andere Regelungen verlangen eine Genehmigung bei (Schwimm-)Teichen über 100 m² Größe. Nach dem Bundesbaugesetz müssen auch ein Bodenauf- und abtrag von mehr als 2 m Höhe im Gelände genehmigt werden.

Die Formel muß etwa lauten: Badebereich : Vegetationszone : bepflanzter Umgebung des Teiches 1 : 1 : 1. Das ist eine Mindestanforderung. Können Sie die Vegetationszone und das Umfeld größer gestalten – umso besser.

Je größer der Teich, desto günstiger machen sich die Selbstreinigungskräfte des Wassers bemerkbar.

Problem Hanglage

Auch die Begleitumstände können baurechtliche Fragen aufwerfen, die Sie auf jeden Fall vorab klären müssen. Wenn Sie zum Beispiel Ihren **Schwimmteich am Hang** anlegen, könnte der Aushub der Grube das Erdreich ins Rutschen bringen und so die Standsicherheit Ihres Hauses oder das Ihrer darüberliegenden Nachbarn gefährden. Ebenso müssen Sie sicherstellen, dass der unterhalb Ihres Grundstücks liegende Nachbar nicht durch Ihren Badeteich beeinträchtigt oder gefährdet wird. Grundsätzlich lautet die Regel, dass der unten liegende Grundstücksbesitzer das Oberflächenwasser des darüberliegenden Nachbargrundstücks in Kauf nimmt. Mit dem Bau des Schwimmteichs müssen Sie aber auch sicherstellen, dass Ihr Nachbar nicht bei einem Wolkenbruch durch größere Wassermassen, die von Ihrem Grundstück kommen, geschädigt wird.

Auf jeden Fall muss die Teichgrube in den gewachsenen Boden hineingegraben werden. Ein Erdwall als Abstützung birgt immer die Gefahr eines Dammbruchs, sofern er nicht durch aufwändige Baumaßnahmen, zum Beispiel durch eine Stützmauer befestigt wird. Erd-Aufschüttungen z. B. des Teichaushubs von mehr als 300 m² Grundfläche sind – je nach Staat oder Bundesland – unter Umständen genehmigungspflichtig. Auch dies sollten Sie, falls eine solche Situation auf den Bau Ihres Badeteiches zutrifft, mit Ihrer Baubehörde vor Ort abklären, damit Sie keine Probleme bekommen.

Sicherheit für Kinder

Denken Sie bei Ihrer Planung bitte an die Kinder. Ihre eigenen **Kinder** werden vielleicht schnell mit dem Teich vertraut sein und auch seine Gefahren kennen. Aber wie sieht es mit den Nachbarkindern aus, die von dem Teich angelockt werden, auch wenn Sie einmal nicht zu Hause sind? Stellen Sie von vornherein sicher, dass fremde Kinder nicht unbefugt Ihr Grundstück betreten und auf keinen Fall an den Teich gelangen. Leider sind schon allzu oft Kinder auch in flachen Gartenteichen und Schwimmbecken ertrunken. Zu diesen traurigen Ereignissen kommt hinzu, dass sich die Besitzer der Teiche vor Gericht verantworten müssen. Wie man Kinder vor dem Ertrinken in einem Teich schützen kann, ist auf Seite 19 f. noch einmal ausführlicher beschrieben.

Der beste Schutz für Kinder besteht darin, sie frühzeitig mit den Gefahren des Teiches vertraut zu machen.

Die konkrete Planung

Der richtige Platz

Zum Baden wünschen Sie sich gut temperiertes, erwärmtes Wasser. Darin gedeihen auch die Wasserpflanzen besonders gut, die außerdem größtenteils sehr lichthungrig sind. Beides spricht dafür, den Teich möglichst in voller Sonne anzulegen. Andererseits begünstigt eine ständige Erwärmung durch die Sonne den Algenwuchs. Die Folge ist unter anderem Sauerstoffmangel des Wassers und in der letzten Konsequenz, ein »Umkippen« des Teiches. So gesehen, kann es durchaus vorteilhaft sein, wenn die Wasserpflanzenbereiche oder Teile davon im Sommer einige Stunden täglich im Schatten liegen – am besten vom späten Vormittag bis zum mittleren Nachmittag. Dann heizen sich die flacheren Bereiche nicht allzu schnell auf, und es findet ein Ausgleich von kühleren und wärmeren Wassertemperaturen statt.
Je größer und tiefer ein Teich, je größer also das Wasservolumen ist, desto langsamer erwärmt er sich, und desto mehr kühleres Wasser wird aus tieferen Schichten gegen wärmeres Wasser an der Oberfläche ausgetauscht. Das Wasser ist in einem solchen Teich sauerstoffreicher, und die Gefahr der Algenbildung ist weitaus geringer als in einem kleineren Teich mit geringerem Wasservolumen.
Andererseits speichert eine größere Wassermenge auch wesentlich länger die Sonnenwärme. So können Sie auch an kühlen Sommertagen ein Bad im gut temperierten Wasser genießen. Ganz abgesehen von der Wasserqualität: Im Hochsommer ist kühles Wasser wesentlich erfrischender als warmes. Und wenn Sie sich außerhalb der üblichen Badesaison von der Sauna abkühlen wollen, kann das Wasser ja eigentlich nicht kalt genug sein – oder?

Der Zugang

Auf welchem Weg wollen Sie Ihren Schwimmteich erreichen, und von welcher Seite möchten Sie ins Wasser einsteigen? Direkt vom Haus, von der Terrasse aus ins kühle Nass zu springen, ist schön und bequem. Ist es einmal nicht so warm, erreichen Sie schnell das Wasser und nach dem Bad schnell wieder das Haus. Sie sind also nur für einen Augenblick den kalten Lufttemperaturen ausgesetzt. Außerdem ist es schön, auf der Terrasse am Wasser zu sitzen und dem Spiel der Libellen zuzuschauen. Frosch & Co. werden binnen kurzem meist so zutraulich, dass Sie die Tiere mühelos vom Liegestuhl beobachten können.

Eine paradiesische Vision: Aus dem Wohnzimmer über die Terrasse und den Steg hinein ins kühle Nass. Ein Teich, der mit angrenzendem Gehölzgürtel, Stauden, Wiese und Trockenmauer einer Vielzahl von Lebewesen einen Lebensraum bietet.

Die konkrete Planung

Ein weiterer Gesichtspunkt: Wasser reflektiert Licht. Bei tiefstehender Wintersonne wird das Sonnenlicht bei günstiger Lage des Teiches direkt durchs Wohnzimmerfenster oder die Glaswand des Wintergartens reflektiert. Sie können also **mit Hilfe des Schwimmteiches** sogar **Energie sparen** und Ihre Heizkosten senken.

Anbindung ans Haus

Ob Sie den Badeteich direkt am Haus anlegen oder in einem entfernteren Bereich des Gartens, ist letztendlich auch eine Frage des zur Verfügung stehenden Platzes und der Grundstücksform. Wenn Sie den Badeteich weit vom Haus entfernt planen, sollten Sie dort noch einmal einen Sitz- und Liegeplatz sowie eventuell ein kleines Umkleidehäuschen vorsehen, wo Sie sich bei kühlerem Wetter windgeschützt abtrocknen und umkleiden können.

Einbindung in den Garten

Wichtig ist die richtige Einbettung in den Garten. Verständlicherweise möchten Sie auf Zuschauer beim Baden verzichten – ein Reiz des eigenen Badeteiches besteht ja auch darin, gelegentlich »ganz ohne« hineinzuspringen. So ist Sichtschutz erforderlich, der vor fremden Einblicken schützt. Dies sollte jedoch kein vorrangiger Gesichtspunkt bei der Gestaltung der Badeteich-Umgebung sein. Viel wichtiger ist es, den Teich so harmonisch in seine Umgebung einzubetten, dass er nach einigen Jahren wie ein natürlich entstandenes Gewässer aussieht. Denken Sie bei der Raumaufteilung daran, beide Aspekte miteinander zu verbinden.

Mitten in einer Rasenfläche würde unser Badeteich nicht nur verloren wirken, es fehlte dort auch jede ökologische Anbindung. Alle Amphibien brauchen Deckung und Rückzugsgebiete, die direkt an das Gewässer anschließen. Je abwechslungsreicher die Uferzonen gestaltet werden, desto mehr lebendige Vielfalt wird sich in und um den Teich herum einstellen. Steinige Uferzonen, Sandbänke und dichter Bewuchs sollten einander abwechseln und über Stauden- und Grasflächen oder eine Blumenwiese zu den Gehölzen am Rand des Gartens überleiten.

Was ist bei einer Hanglage des Gartens zu beachten?

Naturgemäß sammelt sich Wasser immer an der tiefsten Stelle des Geländes. So sollten Sie den naturnahen Badeteich auch möglichst am Fuß Ihres Grundstücks anlegen. Denken Sie aber daran, dass der Aushub und der später mit Wasser gefüllte Schwimmteich einen Eingriff und eine starke Veränderung im natürlich gewachsenen Boden des Hanges bedeutet. Dadurch ergibt sich einmal das bereits angedeutete Problem, dass durch einen tiefen Einschnitt eventuell das darüber liegende Nachbargrundstück – oder auch das eigene Haus – rutschgefährdet werden könnte. Dies muss durch geeignete Baumaßnahmen, zum Beispiel

Stützmauern, verhindert werden. Andererseits kann auch der Wasserdruck des fertigen Badeteiches so stark werden, dass tiefer am Hang gelegene Häuser und Grundstücke gefährdet wären. Aus diesem Grund darf ein Schwimmteich nicht durch einen Erdwall abgestützt werden. Er sollte immer in den gewachsenen Boden hineingebaut werden, was natürlich einen tieferen Einschnitt in den Hang bedeutet. Andernfalls müsste der Teich nach unten durch eine Betonmauer befestigt werden. Lassen Sie sich in all diesen Fällen fachlich gut beraten, um unangenehme Überraschungen, z. B. auch nach ungewöhnlich langen und heftigen Regenperioden, zu vermeiden!

△ Ein Teich am Hang sollte immer tiefer als das Wohnhaus ins Gelände eingebettet liegen.

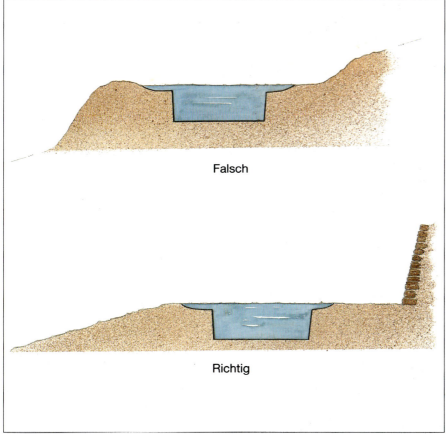

Falsch

Richtig

Oben: falsch! Der Schwimmteich am Hang sollte nie mit einem Wall nach unten abgestützt werden. Der Druck großer Wassermengen kann zu einem Dammbruch führen. Unten: richtig! Die Teichgrube wurde in den festen Untergrund des Hanges gegraben.

Die konkrete Planung

Wie möchten Sie ins Wasser einsteigen?

Ein sanftes Gefälle im Verhältnis von mindestens 1 : 3 ist für die Vegetationszone und den flachen Einstieg in den Teich empfehlenswert (Zeichnung). Hier liegen flache Wasserbereiche für Kinder und ein Steg zum Springen nebeneinander (Foto ganz unten).

Wenn Sie nun an die Detailplanung gehen, denken Sie zunächst einmal an den Lebensraum für die Wasserpflanzen. Seerosen, Rohrkolben, Sumpfschwertlilien und viele andere Wasser- und Sumpfpflanzen müssen sich ausbreiten können, um für klares Wasser zu sorgen. Deshalb sollten Sie ihnen ausreichend Platz einräumen.

Achten Sie auch auf das **Teichprofil**. Steil abfallende Böschungen müssen im Uferbereich auf jeden Fall vermieden werden, um eine natürliche und harmonisch wirkende Ufergestaltung zu erreichen. Das erfordert dann aber eine gewisse Breite der Vegetationszone. Diese Fläche muss nicht überall gleich breit sein. Und sie muss nicht rund um den Teich verlaufen. Dort, wo Sie einsteigen und vielleicht Ihre Kinder in den Teich gehen oder am flachen Wasser spielen, sollte das Ufer freibleiben. An anderer Stelle, zum Beispiel dort, wo Wasser aus der Regenrinne zuläuft, empfiehlt es sich dagegen, eine größere Wasserpflanzenzone einzurichten.

In einem natürlichen See geht das flache Wasser ganz allmählich in tiefere Bereiche über. In unseren Schwimmteichen lässt sich aber ein flacher Einstieg meistens aus Platzgründen nicht verwirklichen. Wie Sie den Einstieg gestalten, hängt auch davon ab, ob alle Familienmitglieder und andere voraussichtlich Badenden Schwimmer sind oder ob kleine Kinder oder Nichtschwimmer am Badevergnügen teilhaben. Kinder spielen gern am Wasser. Schaffen Sie ihnen flache Wasserzonen, in denen sie gefahrlos planschen können. Zum Schwimmbereich geht es bei kleineren Badeteichen zwangsläufig durch eine Stützmauer ohne Übergang in die tiefere Wasserzone über. Zur Sicherheit wäre für die Kinder vor der Stützmauer noch einmal eine Abgrenzung zu empfehlen. Wo nur Schwimmer baden, können Sie auf diesen sanften Einstieg in den Teich verzichten und einen platzsparenden Steg anbringen.

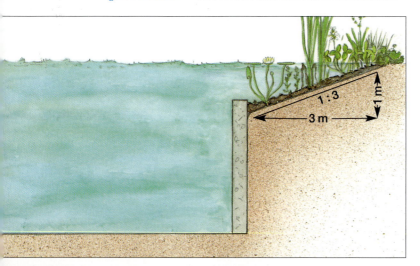

Tiefes und flaches Wasser

Zum Schwimmen reicht eine Tiefe von 1,50 m aus. Bei einer Wassertiefe von 2 m und mehr, in der selbst der größte Mann nicht mehr stehen kann, schwimmt es sich jedoch noch angenehmer. Außerdem ist die Wassermenge größer. Möchten Sie gelegentlich mit einem Kopfsprung ins Wasser eintauchen, so ist eine Tiefe von 2,50 m durchaus vorteilhaft. Wollen Sie aber überhaupt nicht schwimmen, sondern nur baden und gelegentlich untertauchen, dann reicht unter Umständen auch eine geringere Wassertiefe aus.

Tieferes Wasser bedeutet gleichzeitig eine größere Wassermenge, die sich langsamer erwärmt und dadurch auch dem Algenwuchs nicht so schnell Vorschub leistet. Die Wassertiefe spielt auch in den Randzonen eine Rolle.

Haben Sie zumindest teilweise den Platz für einen 3 m breiten Randstreifen, sollten Sie dort auch den Teich 1 m tief anlegen, um so die Wassermenge zu vergrößern.

Welcher Grundriss?

In natürlicher Landschaft gibt es keine geometrischen Formen. Natürliche Gewässer weisen immer einen unregelmäßigen Grundriss auf. Dies sollte als Vorbild für unseren Schwimmteich dienen. Allerdings kommen allzu verschnörkelte Rundungen auch an den Ufern natürlicher Gewässer nicht vor. Gestalten Sie also Ihren Teichrand mit sanft geschwungenen Uferlinien.

Haben Sie den Teich richtig in seine Umgebung eingebettet, so verwischen sich mit der Zeit die Grenzen zwischen Land und Wasser. Beides geht dann nahtlos ineinander über. Der Teich wird in einigen Jahren ganz natürlich aussehen, so als wäre er nie von Menschenhand angelegt worden.

Je kleiner der Teich, desto gleichmäßiger sollten die Uferlinien sein, umso mehr sollten Sie sich bei der Planung geometrischen Formen annähern – was nicht quadratisch oder rechteckig bedeuten muss! Versuchen Sie es doch einmal mit einem Sechseck, einem Kreis oder einem Oval. Die Abgrenzungen des Schwimmbereiches dürfen dagegen geometrische, also auch rechteckige oder quadratische Formen haben – so lassen sich die Stützmauern meistens leichter bauen.

Kindersicherung

Noch einmal ein Wort, um Kinder vorm Ertrinken zu bewahren: Bei den eigenen Kindern ist der beste Schutz, sie mit dem Badeteich, seinen Freuden, aber auch seinen Gefahren ver-

Das Gefälle sollte sachte vom Ufer her abfallen, am besten im Verhältnis 1:3, also 1 m auf 3 m Länge.

Ausladende Uferzonen und ein mit Kletterrosen begrünter Zaun halten kleine Kinder vom Teich fern.

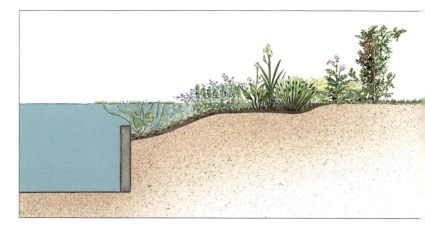

Die konkrete Planung

traut zu machen und ihnen letztendlich das Schwimmen beizubringen. Dieser Gefahr können Sie selbst vorbeugen.

Gefährlicher ist es für fremde Kinder, die – vielleicht sogar in Ihrer Abwesenheit – in den Garten kommen, weil sie sich von dem Badeteich angezogen fühlen. Wo es möglich ist, sollten Sie auch hier vorbeugen, indem Sie Ihr Grundstück mit einem hohen Zaun und verschließbaren Gartenpforten für Kinder unzugänglich machen. Um Ihnen die Lust am Darüberklettern ganz zu nehmen, können Sie stachelige Brombeeren oder Kletterrosen an diesem Zaun emporwachsen lassen.

Aber auch den Gedanken, nur den Teich einzuzäunen, sollten Sie nicht grundsätzlich verwerfen. Ein Zaun muss nicht hässlich sein. Lassen Sie ihn bewachsen, so können Sie mit seiner Hilfe schöne grüne und blühende Wände schaffen, einen eigenen Raum für den Schwimmteich und eine reizvolle Kulisse zum Baden. Auch die Gestaltung des Teiches selbst kann helfen, Unfälle zu verhüten. Ist der Einstieg ins Wasser flach und sachte, nimmt die Wassertiefe auch in der dichtbewachsenen Vegetationszone erst allmählich zu, so dass Kinder, die versehentlich dort hineintapsen, nicht gleich ausrutschen, aber durch die nassen Füße gewarnt sind. So ist die Gefahr, dass sie ertrinken, wesentlicher geringer.

Genau Maß nehmen

Wenn Sie alle diese Detailfragen geklärt haben, kommen Sie um sorgfältiges Messen und Planen nicht herum. Denn ein so großer Teich muss genau eingepasst werden, vor allem dann, wenn das Grundstück nicht allzu groß ist. Machen Sie also erst einmal eine Bestandsaufnahme des Gartenteils, in dem der Badeteich entstehen soll. Sie brauchen dazu einen Zollstock, ein Maßband, eine Wasserwaage und viele Pflöcke zum Abstecken. Die Pflöcke können Sie sich leicht aus Dachlatten anfertigen, indem Sie die Latten in 30 oder 50 cm lange Stücke zersägen und die unteren Enden jeweils spitz zuschneiden.

Zum Messen brauchen Sie einige Bezugspunkte, von denen aus Sie die Elemente des Gartens einmessen und auf die Sie im Zweifelsfall immer wieder zurückgreifen können. Das müssen feste, unveränderliche Punkte sein, wie zum Beispiel eine

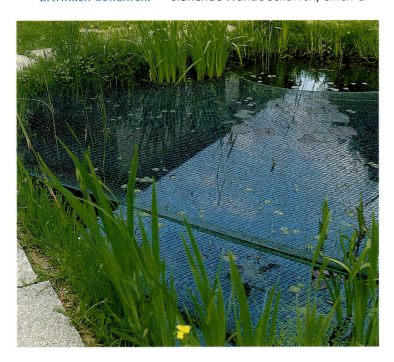

Ein über die Wasserfläche gespanntes, eventuell von einigen starken Kanthölzern gestütztes, reißfestes Netz kann ein Kind vor dem Ertrinken bewahren.

Hausecke, ein Zaunpfahl oder ein Grenzstein.

Am einfachsten ist die **Dreiecksmessung**. Steht zum Beispiel mitten im Garten ein Baum, so messen Sie ihn von drei Fixpunkten ausgehend ein. Wenn Sie diese Maße notiert haben, ist dieser Baum fixiert. Sie können ihn nach ihrer Skizze mit den Maßen genau an der richtigen Stelle in den Grundrissplan Ihres Gartens einzeichnen. Auf diese Weise lassen sich mehrere markante Punkte Ihres Gartens feststellen.

Sollten die Gegebenheiten auf Ihrem Grundstück komplizierter sein, so empfiehlt es sich, nach dem **Rechtwinkelverfahren** zu messen. Wie Sie vielleicht noch aus dem Geometrieunterricht in der Schule wissen, betragen die Maße eines rechtwinkligen Dreiecks 3 : 4 : 5. Die Bauleute haben dieses Verhältnis in die praktikablen Maße 60 : 80 : 100 cm umgewandelt. Das heißt: Ist der eine Schenkel des Winkels 60 cm, der andere 80 cm lang, so muss der diagonale Abstand zwischen den beiden Schenkelenden genau 100 cm betragen, wenn der Winkel ein rechter sein soll. Der rechte Winkel bildet also die Grundlage für dieses Messverfahren. Um einen bestimmten Punkt rechtwinklig zu einer Bezugslinie einzumessen, haben Vermessungstechniker und Baufachleute ein Winkelprisma oder andere optische Meßgeräte. Sie können sich selbst aus zwei Dachlattenstücken einen rechten Winkel zimmern, mit einem 60 cm und einem 80 cm langen Schenkel, deren Enden genau 100 cm voneinander entfernt sein müssen. Diesen Winkel können Sie überall an eine Bezugslinic anlegen.

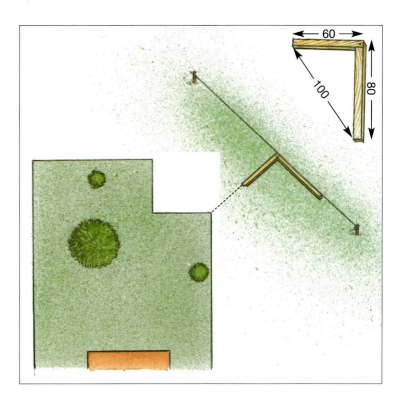

Als **Bezugslinie** kann die Grundstücksgrenze, eine Hauswand oder eine andere bereits vorhandene Linie dienen. Oder Sie spannen eine Schnur durch den gewünschten Gartenbereich, die dann die Bezugslinie darstellt. Ein Ende der Bezugslinie legen Sie als Nullpunkt fest. Von dort aus rollen Sie das Maßband entlang der Bezugslinie aus. Nun können Sie an dieser Linie rechts oder links an entsprechender Stelle den rechten Winkel anlegen. Sie notieren das auf dem Maßband abgelesene Maß und messen dann im rechten Winkel dazu den gewählten Punkt ein. Auf diese Weise lassen sich ganz professionell alle Elemente des Gartens erfassen.

Nehmen Sie sich Zeit dazu, denn einen Schwimmteich legt man gewöhnlich nur einmal an, und Fehler beim Messen können zumindest sehr

Mit Schnur, Maßband und einem rechten Winkel (60 : 80 : 100) lassen sich alle Punkte im Garten genau einmessen.

Genau Maß nehmen | 21

viel Mehrarbeit verursachen. Sie können aber auch zu Mehrkosten führen oder zu einer letztendlich doch unbefriedigenden Anlage. Messen Sie also lieber alles zwei- oder dreimal durch, bevor Sie einen weiteren Schritt tun.

Der eigene Schwimmteich-Plan

Ihre Skizzen und Maße müssen nun auf einen Plan übertragen werden. Dazu brauchen Sie einen Maßstab. Am einfachsten lässt sich der Maßstab 1 : 100 übertragen. Das heißt: 1 cm auf dem Plan stellt 100 cm in der Natur dar. Dafür können Sie ein einfaches Lineal nehmen. Manche Details lassen sich aber in diesem Maßstab nur schlecht darstellen, weil sie auf dem Papier zu klein erscheinen. Dann sollten Sie sich für einen größeren Maßstab entscheiden, zum Beispiel 1 : 50, bei dem 50 cm im Garten 1 cm auf dem Papier entsprechen. Kaufen Sie sich am besten einen **Dreikantmaßstab**. Das ist ein Lineal mit drei Kanten, auf denen jeweils verschiedene Maßstäbe eingetragen sind. So ersparen Sie sich das Umrechnen, bei dem Fehler nicht ausgeschlossen sind.

Transparentpapier darf nie feucht werden, sonst wellt es sich und die Maße sind nicht mehr abzulesen.

Zum Planzeichnen ist ein transparentes Zeichenpapier vorteilhaft; man kann über den ersten Entwurf ein zweites und ein drittes Blatt legen und weitere Ideen und Variationen zu Papier bringen. Erst wenn der Entwurf »steht«, lassen Sie davon mehrere Kopien oder Lichtpausen anfertigen, die Sie dann auf Ihrer Schwimmteich-Baustelle verwenden. Gehen Sie mit dieser Kopie jedoch noch einmal hinaus und vergleichen Sie alles, bevor Sie den nächsten Schritt tun.

Höhenmessung

Liegt Ihr Garten am Hang, so müssen Sie auch die Höhenunterschiede messen. Später, wenn es beim Teichaushub und bei der Anlage des Teichprofils in die Tiefe geht, brauchen Sie ebenfalls die Höhenmessung. Vermessungsprofis beziehen sich immer auf die Meereshöhe über NN (Normal Null), die durch an Gebäuden angebrachte Höhenbolzen markiert ist und die die Vermessungstechniker aus ihren Katasterplänen ablesen können. Bauleute suchen sich eine andere Bezugshöhe, die sie gleich 0,00 setzen – meistens die Fußbodenoberkante (FOK) des Wohnhauses oder eine vorbeiführende Straße.

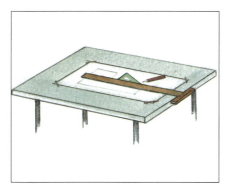

Auf einer rechtwinkligen Tischplatte, mit Reißschiene und Zeichendreieck lassen sich die im Garten gemessenen Maße in den eigenen Plan auf Transparentpapier übertragen.

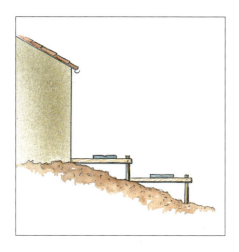

Die für den Laien praktikabelste Messmethode ist die sogenannte **Staffelmessung**. Auf der Kante eines geraden Bretts wird eine Wasserwaage befestigt (oder Sie verwenden ein Richtscheid mit eingebauter Wasserwaage). Ein Ende des Brettes oder Richtscheids legt man an die Bezugshöhe an, am anderen Ende wird ein Pflock soweit eingeschlagen, dass das Brett in Waage liegt (oder man markiert die Höhe mit einem Strich am Pflock). So kann man gestaffelt den Hang hinab- oder hinaufmessen.
Sorgfältiges Notieren der Abstände und der Höhenunterschiede ist unerlässlich. Alle über der Ausgangshöhe gemessenen Maße werden mit einem + -Zeichen, alle darunter liegenden Maße mit einem − -Zeichen eingetragen. Diese gemessenen Höhenmaße können Sie direkt in Ihren Plan eintragen. Haben Sie von der gleichen Bezugshöhe ausgehend die verschiedenen Höhen gemessen und eingetragen, so können Sie die Punkte mit gleicher Geländehöhe durch eine gestrichelte Linie miteinander verbinden. Diese Linien nennt man **Höhenschichtlinien**.

Beim Planen der **Teichtiefen** verfahren Sie umgekehrt. Erst planen und zeichnen Sie die Höhenschichtlinien ein, später, vor dem Aushub der Teichgrube und während des Ausschachtens, werden die geplanten Höhenmaße ins Gelände und in die Teichmulde übertragen. Legen Sie dabei die gleichmäßige Höhe für den Teichrand fest. Das Ufer muss rund um den Teich in gleicher Höhe liegen, sonst läuft das Wasser an einer Stelle über und an einer anderen schaut der Kies oder gar die Folie heraus!

Möchten Sie das Gelände rund um den Teich modellieren, so können Sie

◁ Das Prinzip der Staffelmessung: Mit einem geraden Brett, einer Wasserwaage und Pflöcken werden von der Fußbodenoberkante ausgehend gestaffelt abwärts (oder aufwärts) die gewünschten Höhen gemessen.

Mit Holzpflöcken werden sowohl die Umrisse des Schwimmteiches abgesteckt als auch die Höhen markiert (links). Mit Schnur und Wasserwaage lässt sich das gleichmäßige Höhenniveau quer durch die Teichgrube überprüfen.

Genau Maß nehmen

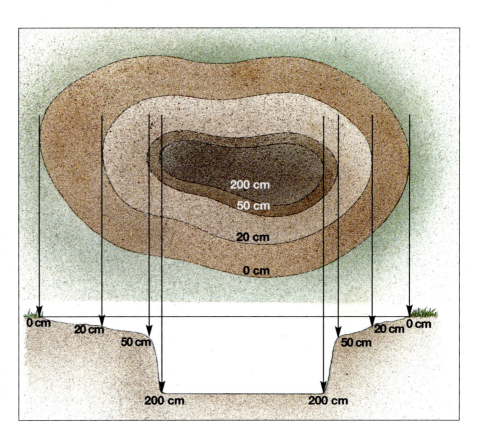

Die verschiedenen Teichtiefen wurden hier in Form von Höhenschichtlinien markiert: ganz außen der Teichrand mit der Höhe 0,00, darunter die Flachwasserzone mit 0,20 cm, die tiefste Stelle des Vegetationsbereichs mit 0,50 cm und das Schwimmbecken mit 2,00 m Tiefe.

auch das mit Höhenschichtlinien andeuten, deren Maßzahlen mit einem + -Zeichen versehen sind, .
Beachten Sie bei der Planung des Teichprofils, dass das Gefälle der Teichgrube nie steiler verlaufen sollte als im Verhältnis 1 : 3 (siehe Seite 54 ff.). Eine gute Hilfe für den späteren Bau des Teiches ist eine **Profilzeichnung**, aus der deutlich hervorgeht, wo die Trennmauer zwischen Badebereich und Vegetationszone verläuft. Zeichnen Sie je nach Größe und Grundrissform zwei oder drei Profile in Querrichtung und eines in Längsrichtung, die dann auch auf dem Grundrissplan vermerkt sind. Beispiele für solche Profilzeichnungen sehen Sie auf Seite 32.
Vielleicht kommt Ihnen das viele Vermessen und diese kurze Anleitung zum Planen und Zeichnen etwas übertrieben vor. Aber ein Schwimmteich ist nun einmal ein größeres Bauwerk, bei dem sich Fehler im Hinblick auf Zeit und Kosten enorm auswirken können.
Trauen Sie sich selbst genaues Messen nicht zu, so sollten Sie einen Bauleiter von einer Garten- und Landschaftsbau-Firma engagieren, der den Aushub Ihres Schwimmteiches und die Einhaltung aller wichtigen Maße überwacht. Je intensiver Sie sich aber mit diesen Vorarbeiten befassen, desto mehr wachsen Sie in Ihr Bauvorhaben hinein und werden selbst zum Experten. Also scheuen Sie weder Zeit noch Mühen und vergleichen Sie Ihre Planung immer wieder mit den tatsächlichen Gegebenheiten im Garten.

Bodenaushub der Teichmulde

Den Aushub berechnen

Wenn Sie Ihren Schwimmteich geplant und ihn auf dem Papier ins Grundstück eingepasst haben, geht es an die Übertragung der Maße in den Garten. Auch hierbei können Sie auf das im vorigen Kapitel beschriebene Rechtwinkelverfahren zurückgreifen (siehe Seite 21) und jeden wichtigen Punkt des Teichumrisses von der gewählten und festgelegten Bezugslinie ausgehend im rechten Winkel einmessen.

Bei der Berechnung der auszuhebenden Erdmassen dienen Ihnen zunächst einmal die ganz einfachen mathematischen Formeln, die Sie sicher noch aus dem Geometrie-Unterricht kennen. Einen **Quader** berechnet man nach der Formel a x b x c, das heißt, Sie multiplizieren die Länge (a) mit der Breite (b) und der Höhe (c). Sie können diese Formel auf den **Schwimmbereich** Ihres Teichs anwenden, von der Teichsohle bis zur Erdoberfläche gemessen, sofern dieser Bereich senkrechte Trennwände zur Vegetationszone bekommen soll.

Bei der **Vegetationszone** ergeben sich vom Rand her **dreieckige Profile** (bei denen eingebaute Stufen rechnerisch nicht berücksichtigt werden müssen). Diese Dreiecke sind rechtwinklig, wenn man vom Übergang der Vegetationszone eine senkrechte Linie bis zur Erdoberfläche zieht: die Höhe (h). An der Oberfläche ergibt sich dann ebenfalls eine waagerechte Linie: die Grundlinie. Nach der Dreiecksformel Fläche = g x h : 2 multiplizieren wir diese Grundlinie mit der Höhe und dividieren das Ergebnis durch zwei. Das Ergebnis ist ein Profil an einer bestimmten Stelle der Vegetationszone, das Sie im Plan mit einer gestrichelten Linie und dem Kennbuchstaben »A« bezeichnen. Einige Meter weiter messen und berechnen Sie nun in der gleichen Weise ein Dreiecksprofil, das Sie dann mit dem Buchstaben »B« bezeichnen. Nun addieren Sie die Flächen von »A« und »B«, teilen die Summe durch 2 und multiplizieren es mit dem Maß des Abstands zwischen beiden Profilen, zum Beispiel 10 m. So können Sie die Erdmassen

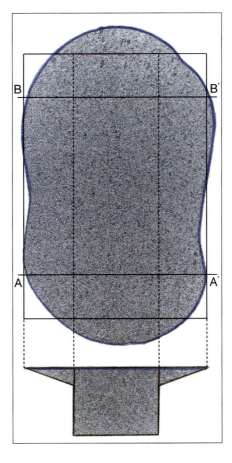

Mit Hilfe eines über den Grundrissplan gelegten Rasters und in bestimmten Abständen gezeichneten Profilen (hier zum Beispiel A – A') lassen sich die Erdmengen des Teichaushubs errechnen.

der Vegetationszone abschnittsweise ermitteln und anschließend mit dem Ergebnis des Schwimmbereich-Quaders addieren.

Hat der Schwimmbereich ein **trapezförmiges Profil**, so wählen Sie den Querschnitt bis zum Übergang zur Vegetationszone und berechnen zunächst das Trapez nach der Formel: Fläche (F) = Mittellinie (m) x Höhe (h). Um das Maß der Mittellinie auszurechnen, addieren Sie die obere und untere Linie des Trapezes und teilen diese Summe durch 2. Die Trapezfläche wird nun mit der Länge des Schwimmbereichs multipliziert.

Mit der **Berechnung des Volumens** im oberen Teil können Sie auf zweierlei Weise verfahren. Entweder Sie wählen wieder Trapez-Profile, die sich ja quer durch den ganzen Teich ergeben, die aber aufgrund der unterschiedlichen Breite der Vegetationszone nicht mehr gleich sein werden. Oder Sie rechnen den oberen Mittelteil des Schwimmbereichs wieder als Quader aus und ermitteln in den Randzonen Dreiecksprofile. Wie Sie letztendlich verfahren, hängt vom Grundriss und der gesamten Planung des Teichs ab.

Bagger und Geräte

Wenn Sie alles mit Handwerkzeugen und Schubkarre ausheben wollen, brauchen Sie (außer viel Geduld und Ausdauer) neben fleißigen, geschickten, gut tränierten und derart körperlich schwere Arbeit gewohnten Helfern gute Schaufeln, eventuell eine (oder mehrere) Kreuzhacke(n), einige Vierzahnhacken, Rechen und vor allem gut fahrbare, stabile Schubkarren. Als Rollbahnen und Rampen aus der immer tiefer werdenden Grube heraus benötigen Sie stabile Bohlen und Bretter. Arbeiten Sie möglichst bei trockenem Wetter und abgetrocknetem Boden, sonst rutschen Sie beim Tranport mit der Schubkarre ständig aus, und die Arbeit wird zur Fron.

Denken Sie daran, dass frisch ausgehobener und locker aufgeschütteter Boden erheblich an Volumen zunimmt: Ein Erdaushub von 100 m³ erhält durch die Lockerung etwa 20 m³ mehr an Volumen. Lassen Sie den Boden abfahren, so kann ein großer LKW 5 m³ Erde laden.

Vielerorts kann man heute **Minibagger** ausleihen. Der Vorteil dieser kleinen Maschinen ist ihr geringes Gewicht, ihre leichte Bedienbarkeit und dass sie durch nahezu jede Gartenpforte passen. Trotz leichter Bedienbarkeit verlangen diese kleinen Maschinen aber auch ein gewisses Geschick. Selbst wenn Sie an dieser Maschine eingewiesen werden, brauchen Sie also eine gewisse Zeit, um wirklich gut damit arbeiten zu können. Ein weiterer Nachteil: Der Aktionsradius eines Minibaggers ist begrenzt. Das heißt, Sie müssen von mehreren Seiten an die Grube heranfahren, um sie richtig ausbaggern zu können, was trotz des relativ geringen Gewichts Bodenverdichtungen nach sich zieht. Von einer gewissen Tiefe an können Sie die Grube nicht mehr vom Rand ausgehend

Lage für Lage wird mit dem Bagger die Teichgrube ausgehoben und dabei das richtige Profil modelliert.

ausbaggern. Fahren Sie aber mit dem Bagger über eine Rampe aus Holzbohlen in die Grube hinein, so wird es mit zunehmender Tiefe immer schwerer und schließlich unmöglich, die Erde aus dem Loch hinauszuschaufeln.

Ein Minibagger ist also allenfalls bei kleinen Teichen mit geringer Tiefe von weniger als 1,50 m Tiefe einsetzbar. Erkundigen Sie sich vorher genau, wie leistungsfähig ein Bagger ist, den Sie ausleihen könnten. Vielleicht haben Sie die Möglichkeit, ein solches Gerät auf dem Betriebsgelände des Verleihers kurz auszuprobieren. Müssen Sie einen Teil des Aushubs zwecks Abfuhr auf einen LKW laden, bedeutet das häufiges Hin- und Herfahren zwischen Grube und LKW, sofern der Wagen nicht direkt daneben stehen kann. Bedenken Sie auch, dass Sie mit der Schaufel eines Minibaggers, je nach Bodenbeschaffenheit, relativ geringe Erdmengen ausheben können. Das bedeutet, dass Sie einige Tage lang den Bagger ausleihen und Leihgebühr bezahlen müssen. Da kann es unter Umständen besser sein, einen Unternehmer zu bestellen, der mit einem großen Bagger die gesamte Grube an einem Tag aushebt. Zumal ein großer Bagger mit seinem langen Arm einen größeren Aktionskreis hat als ein kleiner Bagger. Er muss also nicht so viel im Garten herumfahren wie eine kleine Maschine.

Wohin mit dem Aushub?

Jetzt wird es erst einmal Zeit, den Mutterboden abzutragen und auf eine Miete zu schütten. Schade, wenn Sie einen Teil davon jetzt schon abfahren lassen müssen. In kleinen Gärten lässt sich das meistens nicht vermeiden. Denken Sie aber auch daran, dass ja noch zwei oder mehrere weitere Lagen Boden ausgehoben werden müssen. Deshalb sollten Sie, wenn irgend möglich, mit dem kostbaren Mutterboden geizen und lieber den Unterboden abfahren lassen. Davon – und zwar möglichst aus der untersten Schicht – brauchen Sie lediglich eine kleinere Menge für die Wasserpflanzen. Haben Sie sich für eine bis auf den Grund reichende Trennmauer oder Holzabstützung zwischen Schwimmbereich und Vegetationszone entschieden, so benötigen Sie einen weiteren, größeren Teil, um diese Abstützung von außen her zu hinterfüllen.

Räumen Sie den Mutterboden großflächiger als ihre geplante Teichfläche ab, damit er, so gut es geht, geschont und nicht unnötig verdichtet wird. Im günstigsten Fall können Sie den Mutterboden auf einer Miete von 1,20 bis 1,50 m Höhe und maximal 3 m Breite am Fuß lagern. Wenn Sie ihn aus Platzgründen höher aufschichten müssen, ist dies immer noch besser, als ihn voreilig abfahren zu lassen.

Schichtweises Ausheben

Bevor Sie jetzt weiter in die Tiefe graben, müssen sie zunächst einmal sicherstellen, dass der Teichrand überall die gleiche Höhe bekommt. Sie gehen von einer von Ihnen gewählten Bezugshöhe aus, zum Beispiel der Fußbodenoberkante des Wohnhauses (FOK). Von dort aus messen Sie mit der im vorigen Kapitel erwähnten Staffelmessung die im Plan festgelegte Höhe des Teichufers ein. Haben Sie auf diese Weise erst einmal einen Punkt des Teichrandes festgelegt und mit einem Pflock markiert, so brauchen Sie nun nur noch am markierten Teichrand in bestimmten Abständen weitere Pflöcke einzuschlagen und die Höhe mit Hilfe des Richtscheids und der Wasserwaage von einem Pflock auf den anderen zu übertragen.

Ist der Teichumriss auch in seiner Geländehöhe festgelegt, so können Sie den nächsten Schritt tun und eine weitere Lage der Teichgrube ausheben. Prüfen Sie während des Aushubs bis zum Auslegen der Folie immer wieder die richtige gleichmäßige Geländehöhe am Teichrand sowie in den tieferliegenden Bereichen der Grube. Wie bei einem natürlichen Gewässer, sollte die Teichmulde vom Ufer her ganz sachte nach innen abfallen (siehe Seite 54 ff.). Damit die Pflanzen besser Halt finden, empfiehlt es sich, das **Teichprofil im Vegetationsbereich in kleinen Podesten** anzulegen. Belassen Sie also am Teichrand eine ebene Zone, deren Wassertiefe sich ja schon durch den abgetragenen Mutterboden ergibt und etwa 20 bis 30 cm betragen wird. Die Breite des Streifens kann zwischen 50 und 80 cm liegen, aber auch größer sein. Wo genügend Platz ist, kann auch eine noch größere Sumpfzone angelegt werden.

Markieren Sie nun einen weiteren Umriss zum Ausheben der nächsten Schicht. Vermutlich werden Sie nun auf den tiefsten Punkt der Vegetationszone kommen: auf 60, 80 oder gar 100 cm. Den Übergang von der Flachwasserzone zur Tiefzone sollten Sie sanft abböschen, etwa im Verhältnis 1 : 3. Auch die Podeste müssen nicht genau waagerecht liegen. Sie können ein leichtes Gefälle zur Teichmitte aufweisen. Diesen ausgehobenen Unterboden sollten Sie, sofern Sie ihn nicht abfahren lassen, getrennt vom Mutterboden auf einer eigenen Miete lagern. Am besten räumen Sie auch an dieser Stelle den Mutterboden zur Seite, damit er nicht von dem gelagerten Erdreich verdichtet wird.

Wenn Sie nun die Sohle einigermaßen geglättet haben, stecken Sie die Umrisse des künftigen Badebereiches ab. Rechnen Sie dabei die spätere Abstützung mit ein, also die Trennung zwischen Wasserpflanzenzone und Schwimmbereich, sowie einen etwa 50 cm breiten Arbeitsraum, den Sie zum Errichten dieser Abtrennung brauchen und der danach wieder aufgefüllt wird.

Der Bodenaushub der untersten Schicht ist besonders nährstoffarm und deshalb als Wasserpflanzenerde am geeignetsten. Diese Erde setzt am wenigsten Nährstoffe ins Wasser frei. Bewahren Sie sich also von dieser Schicht etwas auf, einmal, um den Bauraum hinter der Abstützung wieder aufzufüllen, zum anderen für die Wasserpflanzen. Natürlich wird auch der Aushub dieser Schicht gesondert gelagert.

Prüfen Sie nun die Teichmulde genau auf ihre richtige Größe und Tiefe, auf das sanfte Gefälle der Bö-

Bei diesem Schwimmteichbau kann der Teichaushub in einem Arbeitsgang zum Aufschütten eines Erdwalls verwendet werden.

schungen und auf sachte, harmonische, naturnahe Übergänge.

Bereits bei der Planung müssen Sie sich für die Art der Abgrenzung von Schwimmbereich und Vegetationszone entscheiden (siehe nächstes Kapitel). Bleibt es bei einem Absatz, von dem es dann steil vom Wasserpflanzengürtel ins Schwimmbecken übergeht? Werden mit Kies gefüllte Teichsäcke oder Rundhölzer auf die Kante aufgesetzt? Dann sollte das Erdreich ohnehin schon eine gewisse Festigkeit aufweisen und gegebenenfalls noch zusätzlich mit einer Maschine verdichtet werden. – Oder soll die Abstützung auf der Sohle des Schwimmbereichs durch eine Mauer oder eine Holzabgrenzung gegründet und eventuell bis zu 30 cm unter den späteren Wasserspiegel reichen? In diesem Fall müssen Sie die Breite der Stützmauer (z. B. 25 cm) und einen Bauraum von etwa 50 cm mit einrechnen und ausheben. Auch eine Sandschicht von etwa 15 cm (außer bei Sandboden) unter der Folie sowie eine etwa ebenso dicke Lage Kies oder nährstoffarme Erde in der Vegetationszone müssen beim Aushub berücksichtigt werden.

Steine und andere spitze Gegenstände werden herausgelesen, hineinragende Wurzeln gegebenenfalls gekappt, das Ganze wird glattgeharkt und, sofern der Boden noch weich und nachgiebig ist, mit einem Handstampfer, leichter und effektiver noch mit einem **Motorstampfer** oder einer **Rüttelplatte**, verdichtet. Für derartige Motorgeräte sollten Sie sich mindestens einen Helfer holen, der das Gerät führen und festhalten hilft. Denn gerade an den Böschungen kann der Stampfer oder die Rüttelplatte leicht einmal abrutschen.

Die Grube für den künftigen Schwimmteich ist nun fertig. Man kann nun mit Ton oder mit einer Teichfolie abdichten. Denkbar wäre auch eine Dichtung aus Beton. Diese Bauweise ist allerdings sehr aufwändig und muss mit Sachverstand hergestellt werden. Haltbarer als die anderen Abdichtungsmethoden ist sie nicht unbedingt. Eine weitere Abdichtungsmöglichkeit würden noch zusammensetzbare Fertigteichelemente bieten. Allerdings müßte man hier beim Ausschachten der Teichmulde anders vorgehen. Mehr dazu lesen sie auf Seite 29.

Die Grenze zwischen Schwimmen und Wachsen

Ehe es nun an die Abdichtung mit Folie oder Ton geht, muss zunächst die Art der Abgrenzung zwischen Schwimmbereich und Vegetationszone geklärt werden. Wie soll sie beschaffen sein? Als Betonmauer? Als Holzbalkenkonstruktion? Oder mit Kiessäcken? Die Abstützung kann unter oder auf der Folie eingebaut werden. Entscheiden Sie sich beispielsweise für eine Stützmauer aus Beton, so braucht diese ein Fundament im Boden. Eine Abstützung aus Kanthölzern oder Kiessäcken kann aber auch auf der Folie aufliegen.

Wenn Sie die Abstützung unter die Folie legen wollen, dann sollten Sie dies zuerst tun, bevor Sie den Bedarf an Folie ermitteln. Sie sehen – die Abgrenzung wirft ein ganzes Bündel von Fragen auf. Doch zunächst zu den Details.

Für eine **Betonmauer** heben Sie in der Breite des Fundamentes noch einmal einen 30 cm tiefen Graben aus. Dort stellen Sie als Armierung mit dem Bolzenschneider zugeschnittene Baustahlmatten hinein, bringen von beiden Seiten eine Verschalung bis in Höhe der Mauer an und können den Beton hineinschütten und stampfen. Am einfachsten ist es, Fertigbeton von einem Lastwagen mit Betonmischer anfahren zu lassen. Wenn Sie sich selbst die Mühe machen wollen, Beton zu mischen, so gilt das Mischungsverhältnis 3 Teile Kies : 1 Teil Zement – auch in der Betonmischmaschine – mit soviel Wasser, dass es gerade nicht heraustropft. In der Schalung stampfen Sie Lage für Lage mit einem Kantholz fest. An der Oberkante der Stützmauer wird der Beton geglättet. Die Armierung muss darin ganz verschwinden. Sie darf nicht über die Mauer hinausragen. Wer keine Bauerfahrung hat,

sollte sich zu dieser Arbeit auf jeden Fall einen erfahrenen Baufachmann zu Rate ziehen oder als Helfer engagieren, am besten überhaupt eine Baufirma beauftragen.

Einfacher geht es mit **Fertigelementen aus Beton**, zum Beispiel sogenannten **Winkelsteinen oder L-Steinen**, wie man Sie im Garten- und Landschaftsbau zum Abstützen von Böschungen verwendet. Diese Steine werden auf dem genau waagerecht geglätteten und festgerüttelten Unterboden gestellt, den kürzeren Schenkel des Winkels nach außen, also gegen das Erdreich gerichtet. An der Rückseite dieser Elemente befinden sich Stahlösen, durch die Armierungseisen gezogen werden, die die einzelnen Elemente miteinander verbinden, so dass sie sich nicht verschieben können. Ihren Halt bekommt die Mauer durch das Gewicht des anschließend aufgeschütteten Erdreichs, das auf dem waagerecht liegenden Schenkel des Winkelsteins ruht.

Eine ebenfalls leicht zu verwirklichende Form der Stützmauer bieten **Beton-Schalsteine**. Diese Steine sind innen hohl und werden ohne

Drei übereinander geschichtete Lagen abgeflachter Rundhölzer, an den vier Ecken mit Schraubankern verbunden, trennen hier die Vegetationszone vom Schwimmbereich.

Bei festem Untergrund und wenn genügend Platz zur Verfügung steht, können sie auf Trennmauern oder Holzabstützungen zwischen Schwimmbereich und Vegetationszone verzichten und stattdessen einen Erdwulst modellieren.

Die Grenze zwischen Schwimmen und Wachsen

Vier verschiedene Möglichkeiten, den Übergang von Vegetationszone zu Schwimmbereich zu gestalten: Am einfachsten ist es, nur die Erde so zu modellieren, dass am Rand der Vegetationszone ein kleiner Wall entsteht. Anschließend wird die Folie über den gesamten Teichboden verlegt.

Zweites Beispiel: Die modellierte Teichgrube ist mit Folie abgedichtet; an der Wand des Schwimmbereiches wird mit Natursteinen (auf unterlegtem Vlies) eine Trockenmauer aufgeschichtet.

Drittes Beispiel: Auch hier wurde die Teichmulde zuerst abgedichtet und anschließend auf der Kante der Vegetationszone mit Kies gefüllte Teichsäcke geschichtet.

Viertes Beispiel: Abgrenzung mit abgeflachten Rundhölzern auf bereits verlegter Folie an der Kante des Vegetationsbereiches. Links schließt die Vegetationszone ebenerdig mit der Abstützung ab, rechts liegt die Holzkante als schützende Trennwand etwas über der Substratschicht.

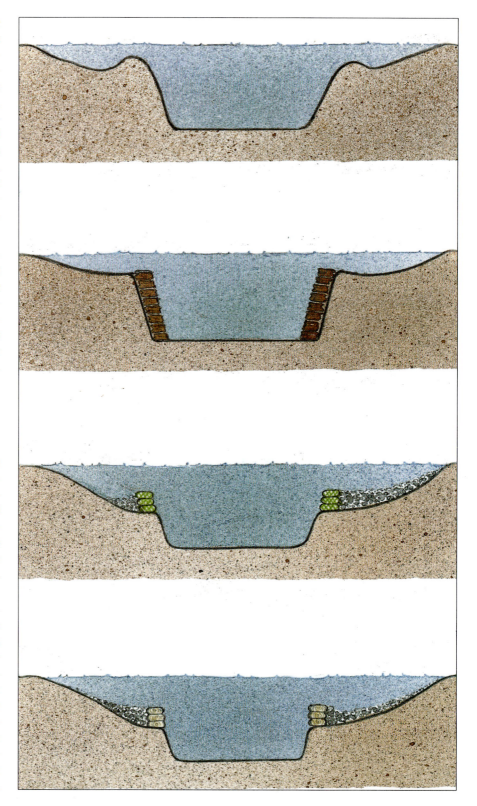

Mörtel aufgeschichtet. Um die Haltbarkeit der Mauer zu erhöhen, werden je nach Mauerhöhe an einer oder zwei Stellen waagerecht zwischen den Lagen Armierungseisen eingebaut. Die Hohlräume der fertig errichteten Mauer füllt man abschließend von oben mit flüssigem Beton.

Natürlich können Sie die Abstützung auch mauern: aus **Ziegelsteinen** oder aus **Hohlblocksteinen**. Auch dazu reicht ein Fundament von 30 cm Dicke aus, auf dem Sie dann Stein auf Stein mit Mörtel im Verhältnis 1 : 3 von Zement : Sand gemischt aufsetzen können.

Überragende oder nahtlose Abgrenzung?

An dieser Stelle muss auf die unterschiedliche Ausbildung der Abgrenzung hingewiesen werden. Darüber bestehen bei den Schwimmteichbauern nämlich unterschiedliche Ansichten. Einige bevorzugen eine **überragende Abstützung**, die so weit nach oben reicht, dass sie 40 oder sogar nur 30 cm unter dem Wasserspiegel endet. Die tiefste Stelle der Vegetationszone hinter der Mauer liegt jedoch bei 80 bis 100 cm Tiefe. Die Abstützung trennt also zu einem beträchtlichen Teil den Schwimmbereich von der Vegetationszone. Die Begründung für diese Bauweise: Die Vegetation und die sich ansiedelnde Mikrofauna soll durch den Badebetrieb möglichst wenig gestört werden. Da ja beide Bereiche an der Oberfläche durch das Wasser verbunden sind, reiche dies aus für einen Austausch, der das Wasser klarhält, voll aus.

Andere Schwimmteichfirmen sorgen für einen **nahtlosen Übergang** vom tieferen Schwimmbereich zur flacheren Vegetationszone. Ihre Meinung: Die Wasserpflanzen werden durch den Badebetrieb kaum beeinträchtigt, und ein gewisser Austausch, der durch die Bewegung der Schwimmer verursacht wird, sei ja erwünscht. Denkbar sind auch **Zwischenlösungen**, zum Beispiel eine Abstützung, die den tiefsten Bereich der Vegetationszone um nur 20 oder 30 cm überragt, so dass kein Bodenschlick aus dem Wasserpflanzenbereich ins Schwimmbecken gelangen kann. Der Grund, warum diese unterschiedlichen Möglichkeiten der Trennung von Bade- und Pflanzenbereich hier erläutert wird: Entscheiden Sie sich für eine hochgezogene Stützmauer, die von der Folie bedeckt werden soll, so benötigen Sie einige Quadratmeter Folie mehr als bei einer Abstützung auf der Folie oder wenn die tiefste Stelle der Wasserpflanzenzone die Abstützung nicht überragt.

Der Rohbau des Schwimmteichs: Eine Mauer aus Betonschalsteinen fasst den Schwimmbereich ein, an der Außenkante aus Betonsteinen schließt später die Teichfolie bündig mit dem Erdreich ab.

Die Grenze zwischen Schwimmen und Wachsen

Natürlich können Sie auch eine Holzabstützung oder Kiessäcke unter die Folie legen. Der Nachteil: Die Folie lässt sich nicht so dicht an die darunterliegende Abgrenzung angleichen wie an den Teichboden, auf dem dann die Abstützung aufgestellt wird. Unbedingt notwendig ist die Verankerung der Trennwand im Teichboden nicht.

Wenn Sie sich für eine **Abgrenzung aus Rund- oder Kanthölzern** über der Folie entscheiden, sollten Sie gut abgelagertes Lärchen- oder Weißtannenholz verwenden, aus dem kein Harz mehr austritt. Eine besondere Imprägnierung braucht das Holz unter Wasser nicht, da es ja nicht dem Wechsel von nass und trocken ausgesetzt ist. Am besten durchbohren Sie die Hölzer an den Enden und verbinden sie mit langen Schraubankern. Wo die Balkenwand auf der Folie aufliegt, unterfüttern Sie sie mit einer doppelten Lage Vlies.

Noch leichter geht's mit **Kiessäcken**, die einfach wie eine Trockenmauer übereinandergeschichtet werden, bis die gewünschte Höhe erreicht ist. Auch hierbei gibt es zwei Methoden, die sich nach der Beschaffenheit des Untergrundes richten. Ist der Boden sandig oder auf andere Weise locker beschaffen, so empfiehlt es sich, die Abstützung auf der Sohle des Schwimmbereichs zu errichten und bis in die gewünschte Höhe hochzuziehen. In diesem Fall müssen Sie natürlich die Breite der Abstützung sowie einen Arbeitsraum beim Ausschachten der Grube berücksichtigen. Ist Ihr Gartenboden aber sehr bindig, steinig, also recht fest und stabil, so können Sie die Abstützung ohne weiteres auf der Kante des Vegetationsbereiches errichten. Aus statischen Gründen lassen Sie dann die Seitenwände des Schwimmbereichs nicht genau senkrecht, sondern etwas schräg abfallen. Oben

Profis kontrollieren die Teichtiefen mit dem Nivelliergerät. Hier geht der mit Teichsäcken begrenzte Schwimmbereich nahtlos in die Vegetationszone über.

wird die Abstützung etwas nach außen versetzt montiert oder aufgeschichtet.

Dabei wie auch bei Abstützungen, die unter der Folie verlegt werden, ist die Folienabdichtung zumindest in einem frisch angelegten Teich zu sehen. Später wird sie vom Rand her von Wasserpflanzen bedeckt, jedoch die senkrechte Wand und der Boden sind und bleiben nackte Folie. Entscheiden Sie sich in diesem Fall am besten für eine schwarze oder anders dunkel gefärbte Folie, die dann nicht mehr so sehr auffällt.

Sieht Ihnen dieser Teichboden zu unnatürlich aus, so gibt es noch eine sehr schöne, allerdings sehr aufwändige Möglichkeit. Voraussetzung ist, dass Sie auch in diesem Fall die Beckenwände etwas schräg ausbilden und den ganzen Schwimmbereich um die Breite der Stützmauern größer ausheben. Es geht um **Natursteine**, die auf der Folie im Inneren des Beckens errichtet werden. Die unterste Schicht Steine wird auf einer doppelten Lage Schutzvlies und in etwas Magerbeton verlegt, damit sie Halt bekommt. Auch die Folie an der Böschung wird zum Schutz vor

Den Boden des Schwimmbereichs können Sie mit einer dünnen Lage Kies abdecken, um die Folie zu bedecken.

den Steinen mit Vlies bedeckt. Anschließend schichtet man die Steine im Inneren des Beckens wie eine Trockenmauer auf. Ist die Vegetationszone erreicht, so muss die Mauer von außen mit etwas magerer Erde hinterfüllt oder ebenfalls mit Steinen gestützt werden, sofern Sie sie höher ziehen wollen.

Die einfachste Bauweise: ein modellierter und festgestampfter Erdwulst trennt die Vegetationszone vom Schwimmbereich (oben). Die Folie wurde durch die gesamte Teichmulde, also auch über den Erdwulst gelegt. Die Füße des Steges ruhen auf der Folie über dem Wall (links).

Die Grenze zwischen Schwimmen und Wachsen

Folie auslegen und Teich befüllen

Um den Folienbedarf zu ermitteln, legen Sie das Maßband in gleichmäßigen Abständen, zum Beispiel dreimal in Längsrichtung und ebenso in gleichen Abständen dreimal in Querrichtung, in der Grube aus. Das Band sollte sich jeder Bodenwelle anpassen, ebenso der eventuell zuvor eingebauten Abstützung. Skizzieren Sie alles sorgfältig und geben Sie diese Skizze an einen kompetenten Fachhändler oder Folienvertreiber. Dort wird man Ihnen die Teichfolie nach dieser Skizze maßgerecht zusammenschweißen und zuschneiden. Außer der Folie bestellen Sie auch die passende Menge Schutzvlies.

Während Sie auf die Lieferung der Folie warten, können Sie auf der Teichmulde eine Lage Sand ausbreiten. Sollte Ihr Gartenboden ohnehin aus Sand oder einem ähnlich weichen, steinlosen Material bestehen, dann erübrigt sich natürlich diese Maßnahme. Die **Sandschicht**, die etwa 15 cm dick aufgetragen und mit einer Walze oder mit der Schaufel angedrückt wird, dient als **Sauberkeits- oder Ausgleichsschicht**. Sie puffert den späteren Wasserdruck etwas ab und verhindert, dass sich Steine oder andere spitze Gegenstände aus dem Boden von unten in die Folie drücken.

Einen weiteren Schutz bietet das **Vlies**, das Sie auf jeden Fall unter der Folie ausbreiten sollten. Es wird in Bahnen geliefert, die Sie so verlegen sollten, dass sie sich um etwa 10 cm überlappen.

Die fertig zusammengeschweißte und zugeschnittene Folie ist so zusammengelegt, dass Sie sie aus der Mitte heraus aufrollen und entfalten können. Legen Sie also das Ende der Folienrolle in der Mitte der Kopfseite auf den Rand und rollen Sie die Folie der Länge nach durch die ganze Teichgrube hindurch. Anschließend entfalten und ziehen Sie die Kunststoffplane nach rechts und links, so wie sie gefaltet ist.

Wenn der Schwimmbereich mit einer Betonmauer begrenzt wird, deren Oberkante die Vegetationszone um einige Zentimeter überragt, misst man den Folienbedarf erst nach dem Bau der Mauer aus. In ein über den Teichgrundriss gelegtes Raster werden die Maße eingetragen.

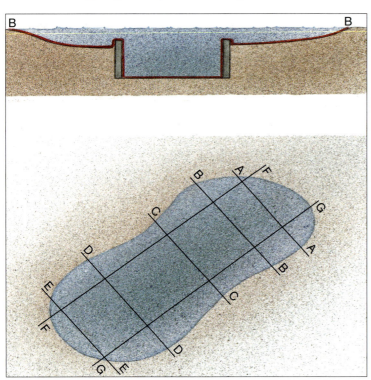

Was tun bei Falten?

Wenn Sie abschließend versuchen, die Folie zu glätten, werden Sie mit den Falten zu kämpfen haben, die sich zwangsläufig bilden. Ganz ohne Falten geht es nicht. Aber Sie können die vielen kleinen Falten auf einige wenige große reduzieren. Ziehen Sie also die Folie immer ein Stück glatt, um dann an einer Stelle, wo es ohnehin nicht ganz ohne Faltenbildung geht, eine große Falte entstehen zu lassen.

Im Großen und Ganzen sind diese Falten in der Folie nicht bedenklich. Es kann jedoch nach einigen Jahren geschehen, dass sich ausgerechnet die Wurzel eines Rohrkolbens in einer solchen Falte verfängt und durch die Folie hindurchwächst. Ganz vorsichtige Teichbauer schweißen deshalb die Folienbahnen in der Teichgrube so zusammen, dass sie keine Falten mehr bilden. Dies ist allerdings ein aufwändiges Verfahren, das größte Sorgfalt und fachliche Erfahrung erfordert. Nur kompetente Fachfirmen können derartige Arbeiten vornehmen.

Folie und Stützmauer

Haben Sie sich bei Ihrem Schwimmteich für eine Stützmauer entschieden, die unter der Folie liegt und über die tiefste Stelle der Vegetationszone hinausragt, sollten Sie einer Vorarbeit größte Sorgfalt widmen:

Zum Errichten der Stützmauer musten Sie einen Arbeitsraum ausheben, der nun, bevor die Folie ausgebreitet und der Sand aufgetragen wird, wieder gefüllt werden muss. Verdichten Sie diesen aufgefüllten Unterboden lagenweise und besonders sorgfältig. Ein Handstampfer reicht dazu nicht aus. Leihen Sie einen Motorstampfer oder einen Rüttelplatte. Wird diese aufgefüllte Erde nicht genügend verdichtet, so drückt sie mit der Zeit das Gewicht des Wassers nach unten. Mit dem Absinken dehnt sich die Folie bis zu einem gewissen Grad. Danach kann an der Kante der Mauer ein Riss entstehen, gerade so, als hätte an dieser Stelle jemand die Folie mit einem Messer aufgeschlitzt...

◁ Will man Faltenbildung vermeiden, so müssen die Folienbahnen an Ort und Stelle angepasst und zusammengeschweißt werden (oben). Bei fertig zusammengeschweißten Folien verlegt und glättet man die Folie so, dass nur einige große Falten entstehen (links).

Eine Trennmauer aus Betonschalsteinen braucht ein gegossenes Betonfundament, das nur 30 cm tief in den Untergrund ragt.

Auf dieses Fundament werden die Betonschalsteine mit wenig Mörtel gesetzt. Nach jeweils zwei Reihen werden Armierungsstäbe zwischen die Steine gelegt (kleines Foto).

Die fertige Betonmauer überragt den tiefsten Teil der Vegetationszone. Die hohlen Steine wurden mit flüssigem Beton ausgefüllt.

Ein Schutzvlies wird in Bahnen, die sich um jeweils 10 cm überlappen, durch die gesamte Teichgrube ausgerollt.

Die Bahnen der Folie wurden an Ort und Stelle der Beckenform angepasst und zusammengeschweißt. Nur am Rand muss die Folie noch etwas geglättet werden.

Unter dem nährstoffarmen Substrat in der Vegetationszone ist die Folie nicht mehr zu sehen, nur die Oberkante des Beckens ragt noch um einige Zentimeter heraus.

Die Balkenkonstruktion des Steges überbrückt die Vegetationszone. Sie liegt an allen Ecken auf Betonschalsteinen auf.

Der fertige Schwimmteich: Deutlich erkennt man die mit Lärchenholz abgedeckte Oberkante des Schwimmbeckens. Die Erde in der Vegetationszone wurde mit Kies abgedeckt. Vom Steg aus kann man über eine Leiter ins Becken einsteigen.

Folie auslegen und Teich befüllen

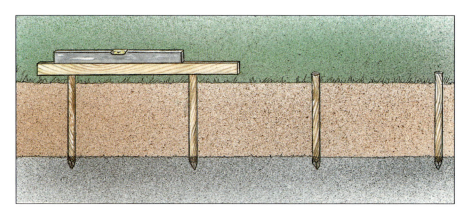

Mit Hilfe eines geraden Bretts und einer Wasserwaage werden in gleichmäßigen Abständen Pflöcke am Teichrand auf gleiche Höhe eingeschlagen. Nach ihnen wird die Folienkante am Rand ausgerichtet.

Der Teichrand

Besonders wichtig ist die Verarbeitung der Folie am Teichrand. Zum einen kommt es auf die genau gleiche Höhe an. Hier sollten Sie noch einmal gründlich die Höhenpflöcke überprüfen. Der Folienrand muss aber auch die Aufgabe einer **Kapillarsperre** erfüllen. Das heißt, man stellt die letzten 10 cm der Folie senkrecht auf, so dass der spätere Wasserspiegel zum umgebenden Erdreich keinerlei Kontakt mehr hat. Würde man die Teichfolie nach außen umlegen, so gäbe es eine Verbindung zwischen Erdreich und dem Wasserspiegel. Bei Trockenheit würde die Erde das Wasser aus dem Teich heraussaugen und den Wasserspiegel erheblich absinken lassen – zu einer Jahreszeit, in der der Teich durch Verdunstung ohnehin viel Wasser verliert und nicht nur zum Baden jeder Tropfen kostbar ist.
Die Folie können Sie von außen mit Mutterboden hinterfüllen, und von der Innenseite der Teiches her mit einer Lage Kieselsteinen befestigen. Wer bei der Randbefestigung der Folie ganz auf Nummer Sicher gehen will, legt am Rand Kanthölzer waagerecht in den Boden oder setzt Betonkantensteine, an denen die Folie hochgezogen und mit deren Oberkante die Folie dann genau abschließen muss. Wenn der Teich mit der Bepflanzung ganz fertig und mit Wasser gefüllt ist, schneiden Sie alles, was vom Folienrand herausschaut, ebenerdig ab. Vermeiden Sie am Rand auch den Kapillareffekt

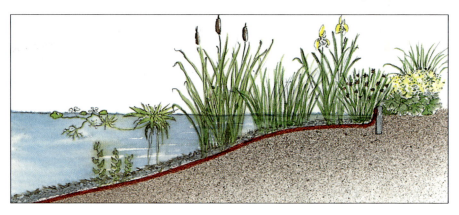

Ein richtig ausgebildeter Teichrand: an einer Beton- oder Kunststoffkante wird die Folie senkrecht aufgestellt und bildet eine Kapillarsperre zu angrenzenden Erdreich. Von der am Teichrand ebenen Sumpfzone geht es allmählich in tiefere Wasserzonen über.

durch Falten, die an der Kante kleine Röhren bilden, durch die das Wasser herauslaufen kann. Manchmal hilft es schon, einen kleinen Stein in eine solche Faltenröhre zu stecken.

Wasser einfüllen

Lassen Sie zunächst einmal nur den Schwimmbereich voll Wasser laufen und warten Sie dann einige Tage, bis sich das Wasser einigermaßen erwärmt hat. Während dieser Zeit können Sie rundherum die ja nun durch den Wasserdruck beschwerte Folie im Vegetationsbereich bis zum Rand hin glattziehen.

Wenn sich das Wasser in der Teichmitte erwärmt hat, können Sie mit dem Bepflanzen der Vegetationszone beginnen.

Für einen stabilen Teichrand sorgt eine mit Pflöcken stabilisierte Kante aus Kunststoff (links). Über diese Kante wird die Teichfolie nach außen gefaltet.

Durch einen porösen Sack kann das Wasser schonend in den Teich laufen, ohne Erde oder Pflanzen wegzuspülen.

Die Bepflanzung des Vegetationsgürtels

Wasserpflanzen bringen Leben in den Schwimmteich. Durch sie unterscheidet er sich wesentlich von einem Swimmingpool, in dem außer den Badegästen nichts lebt. Die Wasser- und Sumpfgewächse verwandeln den künstlich angelegten Badeweiher in ein Gewässer, das in wenigen Jahren so natürlich anmutet, als wäre es von selbst entstanden. Mit dem Unterschied, dass Sie durch die Auswahl der Pflanzen für eine noch viel größere Artenvielfalt sorgen können, als sie in einem natürlichen Weiher dieser Größenordnung vorkommen würde.

Eine üppige Wasserpflanzen-Vegetation aus Seerosen, Fieberklee, Froschbiss, Binsen und Rohrkolben vermittelt den Eindruck eines natürlichen Gewässers.

Die Pflanzen in einem Badeteich erfüllen aber auch wichtige Funktionen: Sie tragen zur Reinheit und Gesundheit des Wassers bei und gleichen die Belastungen aus, die durch das Baden entstehen.

Die drei Pflanzenzonen

Da wären einmal die Seerosen, die Teichrosen, Seekannen und anderen Pflanzen, die man als **Schwimmblattpflanzen** bezeichnet. Ihre Blätter sind durch lange Stiele mit dem Wurzelstock am Gewässergrund verbunden und schwimmen mit ihren Blattspreiten auf der Wasseroberfläche. Sie spenden Schatten, was im Hochsommer wichtig ist, wenn sich das Wasser allzu sehr erwärmt. Die Wärme, die uns beim Baden ganz angenehm ist, begünstigt aber auch den Algenwuchs und setzt den Sauerstoffgehalt des Wassers herab.

Darauf sollten Sie achten: Schwimmblattpflanzen vertragen keine ständige starke Wasserbewegung. Setzen Sie sie deshalb in einen etwas beruhigten und größeren Bereich.

Durch einen Bereich mit Seerosen und anderen Schwimmblattpflanzen entsteht eine beschattete Wasserzone, deren Wasser etwas kühler ist und die die benachbarten Wasserbereiche der Schwimmfläche mitkühlt. Durch die Wellenbewegung der Schwimmer wird das wärmere Wasser mit dem kühleren vermischt.

Eine andere Gruppe von Pflanzen, die in der Vegetationszone des Badeteiches wichtige Aufgaben zu erfüllen haben, nennt man **Repositionspflanzen** (siehe Seite 48 f.). Sie haben in den letzten beiden Jahrzehnten an Bedeutung gewonnen, als man ihre Reinigungskraft erkannte und sie in Pflanzen-Kläranlagen einsetzte. Im Umfeld ihrer Wurzeln leben verschiedene Arten von Bakterien, von denen die einen Sauerstoff zum Leben benötigen (aerobe Bakterien), die anderen nicht (anaerobe Bakterien). Diese aeroben und anaeroben Mikroorganismen arbeiten Hand in Hand und lösen abgestorbene pflanzliche und tierische Reste auf sowie schädliche chemische Verbindungen, die von Pflanzenresten auf dem Teichboden frei-

① Einen dichten Teppich aus Blättern und Blüten bilden die Seerosen auf diesem Teich.

② 'Escarboucle' heißt diese prächtige Seerose. Man setzt sie in eine Wassertiefe von 40 bis 60 cm.

③ Die Große Teichrose gedeiht auch in einem kühleren, tieferen und beschatteten Gewässer.

④ Die Seekanne ist eine hübsche Ergänzung oder auch eine Alternative zur Seerose.

①

②

③

④

Die Bepflanzung des Vegetationsgürtels

Bei der Auswahl von Wasserpflanzen sind die unterschiedlichen Tiefenzonen zu beachten: ❶ flaches Wasser bis 30 cm, ❷ seichtes Wasser bis 50 cm und ❸ tiefes Wasser ab 50 cm Tiefe. In der Tabelle auf Seite 48 sind die Wasserpflanzen nach diesen Tiefenzonen eingeteilt.

gesetzt werden können. Somit haben die Pflanzenwurzeln Zugang zu diesen gelösten Substanzen, die sie als Nährstoffe aufnehmen. Ein Teil entweicht außerdem als Gas in die Atmosphäre.

Noch viel direkter reinigen einige **Unterwasserpflanzen** und **Schwimmpflanzen** das Wasser: Sie entnehmen ihre Nahrung direkt aus dem nassen Element, vor allem Nitrat und Phosphat, und entziehen diese Stoffe damit den Algen. Dabei beschatten Schwimmpflanzen außerdem noch das Wasser und vermindern so den in tiefere Schichten gelangenden UV-Anteil des Lichts, den wiederum die Algen benötigen. Auch dadurch verschlechtern sie die Lebensbedingungen für die Algen und halten damit indirekt das Wasser sauber.

Wasserpflanzen sind also nicht nur eine Zierde, sie sind lebenswichtig für jedes natürliche Gewässer! Deshalb müssen sie gut aufeinander abgestimmt in den Teich eingesetzt werden.

Vom Standpunkt des ökologisch denkenden Gärtners aus gesehen, gibt man mit der Bepflanzung nur einen Impuls für eine Vegetation, die sich dann sehr schnell von selbst weiterentwickelt. Darüber gibt es unter den Teichbauern jedoch unterschiedliche Auffassungen. Manche Experten plädieren für eine von vornherein dichte Bepflanzung, damit die Aufgaben von Anfang (Beschattung, Reinigung des Wassers durch Nährstoffentzug) an voll übernommen werden können. Ein wenig hängt das auch vom Nährstoffreichtum des Wassers und der eingebrachten Erde ab. In Pflanzen-Kläranlagen wird von vornherein sehr dicht gepflanzt. Allerdings wird dort das Wasser auch von Fäkalien gereinigt!

In aller Regel breiten sich die meisten Wasser- und Sumpfgewächse sehr schnell aus, weshalb die Aktivität im Teichboden äußerst groß ist. Dadurch tritt die reinigende Funktion schon kurz nach dem Anwachsen der Pflanzen in Kraft.

Die Vegetationsgürtel

Als Vorbild für den Vegetationsgürtel eines Schwimmteiches gilt die **Verlandungszone** eines natürlichen Sees. Dort fällt der Gewässerboden sachte in immer tiefere Bereiche ab. Dicht am Ufer, bis etwa Knöcheltiefe, wachsen Sumpfschwertlilien, Sumpfdotterblumen, Binsen, Schilf, Rohrkolben und Kalmus; sie bilden den **Sumpfgürtel**. Etwas tiefer ragen die Tannenwedel aus dem Wasser, richtet das Pfeilkraut seine pfeilförmigen Blätter nach der Sonne aus. Dann kommen die **Schwimmblattpflanzen**, also Seerose, Teichrosen, Seekanne und das Schwimmende Laichkraut. **Unterwasserpflanzen und Schwimmpflanzen** finden sich sowohl im ufernahen flachen Wasser als auch im tiefen Wasser, wo sonst keine andere Wasserpflanze mehr gedeiht.

Schön ist es, wenn diese Vegetations- und Verlandungszone unterschiedliche Größe, Breite, Tiefe hat. So wirkt Ihr Badeteich nicht nur natürlicher, auch die Vegetation läßt sich abwechslungsreicher gestalten. Sie können einen größeren und damit tieferen Bereich für Seerosen schaffen und eine **Flachwasserzone** mit Rohrkolben oder Sumpfschwertlilien bis

dicht an den Schwimmbereich heranführen. Geben Sie den Seerosen genügend Raum zur Entfaltung, dem Rohrkolben Platz für seinen Ausdehnungsdrang, sorgen Sie aber auch dafür, dass die Sumpfdotterblumen am Rand nicht gleich überwuchert werden.

Wie bei einem Staudenbeet ordnen Sie die Pflanzen in Gruppen an: Hier 3 Seerosen, dort 3 Rohrkolben, an anderer Stelle 5 Sumpfschwertlilien, 5 Schwanenblumen oder 7 Binsen. Lassen Sie diese Gruppen an verschiedenen Stellen wieder auftauchen und ordnen Sie ihnen größere Gruppen von kleineren und schwächeren Pflanzen zu, zum Beispiel 7 Pfeilkräutern, 9 Sumpfdotterblumen. Denken Sie auch daran, im **Einstiegbereich**, wo das Wasser am meisten in Bewegung kommt, Pflanzen einzusetzen, die die häufige Wasserbewegung vertragen. Binsen im Flachwasser sind da sehr hart im Nehmen; und für das tiefere Wasser probieren Sie es einmal mit dem flutenden Hahnenfuß *(Ranunculus fluitans)*.

Pflanzen für die drei Tiefenzonen

Als Faustregel unterscheidet man drei Tiefenzonen, denen die Wasser- und Sumpfgewächse zugeordnet werden:

Flachwasser von 0 bis 30 cm, bei dem die Randzone auch gelegentlich aus dem Wasser herausragen und im Sommer vorübergehend trockenliegen kann.

Seichtwasser von 30 bis 50 cm Tiefe, bei dem der Wasserstand im Verlauf der Jahreszeiten ebenfalls erheblich schwanken kann.

Tiefes Wasser ab 50 cm.

In der nachfolgenden Tabelle sind die Sumpf- und Wasserpflanzen

Von Juni bis August blüht das Hechtkraut. Es gedeiht im flachen Uferwasser von 10 bis 20 cm Tiefe. In sehr kalten Wintern sollte man die Pflanze vor Frost schützen. Die Wasserfeder (rechtes Foto) gedeiht im flachen Wasser und auch im Schatten.

Gelbe Seerosen gelten als weniger robust wie weiße oder rosa Sorten.

nach den drei Tiefenzonen geordnet. Wohlgemerkt gelten diese Tiefenzonen lediglich als Orientierungshilfe zum Pflanzen. Mit der Zeit suchen sich die Wasserpflanzen später selbst den ihnen am besten zusagenden Platz, indem sie ihre Ausläufer dort hinwachsen lassen.

Bei der Auswahl der **Seerosen** müssen Sie unbedingt auf die Wassertiefe achten. Es gibt Arten und Sorten, die im ganz flachen Wasser gedeihen, zum Beispiel die Zwerg-Seerose *(Nymphaea tetragona)*, und solche, die eine Wassertiefe von 1 m und mehr vorziehen. Siedelt man eine für flaches Wasser geeignete Sorte zu

◁ Der Froschbiss ist eine Schwimmpflanze, die sich teppichartig auf der Wasseroberfläche ausbreitet. Die zarten, weißen Blüten erscheinen im Hochsommer.

Mitte: Die Krebsschere schwimmt halb untergetaucht an der Wasseroberfläche. Den Winter überdauert sie auf dem Teichgrund.

Unten links: Tannenwedel, hier hinter einer knospigen Teichrose, breiten sich im flachen und seichten Uferwasser aus.

Unten: Der Igelkolben kann bis zu 1 m hoch werden. Seine ideale Wassertiefe liegt zwischen 30 und 50 cm. Er wuchert leicht.

Die Bepflanzung des Vegetationsgürtels

Wasserpflanzen für Teichbiotope

Deutscher Name	Botanischer Name	Blütezeit, Blütenfarbe	Bemerkungen
Flaches Wasser: 0 bis 30 cm			
Blaugrüne Binse	*Juncus inflexus*	7–8, braun	wintergrün*
Brennender Hahnenfuß	*Ranunculus flammula*	6–9, gelb	blüht zart und reichlich
Fieberklee	*Menyanthes trifoliata*	6–7, weiß	liebt sauren Boden, weiches Wasser
Froschlöffel	*Alisma plantago-aquatica*	7–9, weiß	sät sich auch selbst aus
Hechtkraut	*Pontederina cordata*	6–8, blau	etwas frostempfindlich
Kalmus	*Acorus calamus*	6–7, grün	Heilpflanze mit Ausdehnungsdrang*
Kleiner Rohrkolben	*Typha minima*	5–6, braun	nicht wuchernd*
Schwanenblume	*Butomus umbellatus*	7–8, rosa	geeignet für Wasserrand*
Strauß-Goldfelberich	*Lysimachia thyrsifolia*	6–8, gelb	Ausläufer bildend
Sumpfdotterblume	*Caltha palustris*	3–5, gelb	gedeiht auch auf feuchtem Boden
Sumpf-Vergissmeinnicht	*Myosotis palustris*	5–7, blau	auch für feuchte Uferzonen geeignet
Wasserfeder	*Hottonia palustris*	5–7, weiß	schattige Lagen
Wasserschwertlilie	*Iris pseudacorus*	5–7, gelb	breitet sich aus*
Zwergbinse	*Juncus ensiflorus*	7–8, braun	für kleine Teiche geeignet*
Seichtes Wasser: 30 – 50 cm			
Igelkolben	*Sparganium erectum*	7–8, weiß	stachelige Früchte*
Kleine Teichrose	*Nuphar pumila*	6–8, gelb	auch schattige Lagen
Pfeilkraut	*Sagittaria sagittifolia*	6–8, weiß	Blüte mit rotem Auge
Rohrkolben	*Typha*-Arten	7–8, braun	wuchernd*
Seesimse	*Scirpus lacustris*	7–8, braun	bis 2 m hoch, wuchernd*
Tannenwedel	*Hippuris vulgaris*	unscheinbar	nadelartige Blätter
Wasserminze	*Mentha aquatica*	6–9, violett	Intensives Minzearoma
Zungenhahnenfuß	*Ranunculus lingua*	6–9, gelb	Blütenstände bis 150 cm
Tiefes Wasser: mehr als 50 cm			
Große Teichrose	*Nuphar lutea*	6–9, gelb	gedeiht auch im Schatten
Seekanne	*Nymphoides peltata*	6–8, gelb	breitet sich stark aus
Seerose	*Nymphaea*-Arten/Sorten	6–9, weiß/rot	zahlreiche Arten und Sorten
Schwimmendes Laichkraut	*Potamogeton natans*	unscheinbar	stark wuchernd
Wasserknöterich	*Polygonum amphibium*	6–7, rot	stark wuchernd
Wassernuss	*Trapa natans*	6–9, weiß	braucht viel Wärme

* = Repositionspflanzen

Deutscher Name	Botanischer Name	Blütezeit, Blütenfarbe	Bemerkungen
Schwimmpflanzen			
Froschbiss	*Hydrocharis morsus-ranae*	7–8, weiß	überwintert mit Winterknospen auf Teichboden
Wasserlebermoos	*Riccia fluitans*	–	bildet Polster
Krebsschere	*Stratiotes aloides*	5–7, weiß	überwintert auf dem Teichboden
Unterwasserpflanzen			
Armleuchteralge	*Nitella flexilis*	–	liebt sauerstoffreiches Wasser
Hornblatt	*Ceratophyllum demersum*	–	reichverzweigte Pflanze, Sauerstofflieferant
Krauses Laichkraut	*Potamogeton crispus*	–	überwintert mit Winterknospen (Hibernakeln)
Nadelkraut	*Crassula recurva*	–	nadelartiges Laub, weiße Blüte, ab 30 cm Tiefe
Nadelsimse	*Eleocharis acicularis*	–	gegen Algenwuchs, reichlich pflanzen
Rauhe Alge	*Chara aspera*	–	nährstoffreiches Wasser, bindet Kalk
Wasserhahnenfuß	*Ranunculus aquatilis*	weiß	Blüten über Wasser, reinigt das Wasser
Wasserquirl	*Hydrilla verticillata*	–	stark wuchernd
Wasserschlauch	*Utricularia vulgaris*	gelb	Flaches, warmes, weiches Wasser
Wasserstern	*Callitriche*-Arten	–	bildet dichte, auch im Winter grüne Polster
Tausendblatt	*Myriophyllum*-Arten	–	setzt Sauerstoff frei, liebt weiches Wasser

Vorsicht Wasserlinse: Diese Schwimmpflanze entzieht zwar ihre Nährstoffe direkt dem Wasser, wuchert aber und wird dadurch meistens wie die Algen zu einer Plage.

Die Bepflanzung des Vegetationsgürtels

tief an, so bildet sie allenfalls Blätter und blüht nicht. Im flachen Wasser gepflanzte Sorten, die sich eigentlich in tieferen Wasser entwickeln müssten, lassen ihre Blätter weit aus dem Wasser ragen und blühen ebenfalls weniger. Aber die Arten- und Sortenvielfalt der Seerosen ist so groß, dass Sie für jede Wassertiefe etwas finden.

In tieferem Wasser ab 1,20 m bis 2 m wachsen nur noch die gelben Teichrosen *(Nuphar lutea)*, die auch im Schatten gedeihen. Aber so tief reicht die Vegetationszone Ihres Badeteiches ohnehin selten.

Der Teichboden

Es wäre verfehlt, den gesamten Teichboden mit Erde zu bedecken. Empfehlenswert ist eine dünne Schicht Sand oder feiner Kies, um die Folie zu verbergen und sie somit vor UV-Licht zu schützen, was ihre Haltbarkeit erheblich verlängert. Das Wasser ist ohnehin nährstoffhaltig und birgt am Anfang sogar Nährstoffüberschüsse; später sammeln sich Pflanzenabfälle auf dem Teichboden, die allmählich zersetzt werden und ebenfalls Nährstoffe liefern. Daher ist es gar nicht empfehlenswert, viel und zudem noch nährstoffreiche Erde in den Teich einzubringen. Ein zu großer Nährstoffreichtum, der von den Pflanzen nicht aufgenommen werden kann, gelangt ins Wasser und bietet den Algen Nahrung. Deshalb bringen wir nur sehr wenig und **möglichst nährstoffarme Erde** in den Teich ein. Gut und kostenlos lässt sich die unterste Lage des Teichaushubs zu verwenden. Sie ist ausschließlich mineralischer Natur und arm an Nährstoffen. Besteht sie aus Lehm, kann sie in besonderer Weise eine nährstoffausgleichende Funktion erfüllen. Sie bindet Nährstoffüberschüsse aus dem Wasser und gibt sie bei Bedarf auch wieder an die Pflanzen ab.

Pflanzung in Körbe oder nicht?

Die Pflanzung in Körbe ist bei der Anlage von Teichen sehr beliebt. Man verwendet große oder kleine Gitterkörbe aus Kunststoff, Weidengeflecht oder Kokosfaser, füllt sie mit Erde und setzt die Wasserpflanzen dort hinein. Die Oberfläche wird mit einer dünnen Lage Kieselsteinen abgedeckt, damit die Erde nicht aufschwimmt. Anschließend stellt man die Körbe an den ihnen zugedachten Platz auf. Man kann die bepflanzten Körbe in den Teich setzen, wenn er bereits teilweise oder ganz mit Wasser gefüllt ist. Sollte einmal eine der Pflanzen eingegangen sein, so können Sie den ganzen Korb wieder herausnehmen und durch einen neu bepflanzten ersetzen.

Seerosen und Teichmummel, die ja einen recht kräftigen Wurzelstock haben, erhalten durch den Korb genügend Erdvolumen, das aber, gemessen am ganzen Teich, immer noch auf einem begrenzten Raum bleibt; stark wuchernde Pflanzen wie der Rohrkolben werden in ihrem Ausdehnungsdrang zumindest in den ersten Jahren etwas gehemmt. So praktisch das Pflanzen in Körbe auf der einen Seite ist, es ist andererseits kein unbedingtes Muss.

①

②

① Bei Seerosen und Teichrosen (Foto) ohne Wurzelballen werden die feinen Wurzeln vor dem Pflanzen zurückgeschnitten.

② Die Schnittstelle am Wurzelstock wird mit dem Messer geglättet.

③

④

③ Dann bestreicht man die Schnittstelle zum Schutz vor Fäulnis mit Holzkohlenstaub.

④ Anschließend setzt man die Teichrose in nährstoffarmes Substrat in einen Pflanzkorb ein.

⑤

⑥

⑤ Damit die Erde nicht aufschwimmt, wird die Oberfläche mit Kieselsteinen abgedeckt.

⑥ Den bepflanzten Korb braucht man dann nur noch an der gewünschten Stelle in den Teich einzusetzen.

Die Bepflanzung des Vegetationsgürtels

Pflanzen der Uferzone, von denen man sich ja auch wünscht, dass sie sich ein wenig ausbreiten, wie die Sumpfdotterblume, das Sumpf-Vergissmeinnicht, die Sumpfschwertlilie, die Schwanenblume und andere, müssen nicht in Körbe gezwängt werden. Ein wenig Erde um ihre Wurzeln angehäuft und von einer dünnen Lage Kies bedeckt, reicht völlig aus. Allerdings ist das nur möglich, solange dieser Bereich des Teiches noch nicht mit Wasser gefüllt ist.

Qualität der Wasserpflanzen

Ein grundsätzlicher Tipp: Kaufen Sie Pflanzen möglichst nicht im Supermarkt um die Ecke oder im Baumarkt, sondern immer in qualifizierten Staudengärtnereien, Markenbaumschulen oder gut sortierten Gartencentern. Dort erhalten Sie eine gute Pflanzenqualität und können die mangelhafte Ware auch gegebenenfalls reklamieren.

Wie fast alle Stauden werden auch **Wasserpflanzen** heute fast ausschließlich **im Container**, also im Kunststofftopf, angeboten. Dies erleichtert das Pflanzen und garantiert in der Regel sicheres Anwachsen. Lassen Sie sich nicht durch üppiges Blattwachstum und schon vorhandene Blüten täuschen. Das sagt noch gar nichts über die Qualität aus. Gute Qualität erkennen Sie, wenn Sie die Pflanze mit dem Container umdrehen und mit dem Topfrand an einer Kante aufschlagen, so dass der Ballen leicht herausrutscht. Der Ballen sollte gleichmäßig von weißen Wurzeln durchzogen sein. Braune Wurzeln deuten dagegen auf Fäulnis hin. Wenn die Wurzeln so dicht aus dem Container herauswachsen, dass man den Ballen nicht mehr lösen kann, ohne ihn auseinanderzureißen und die Wurzeln zu beschädigen, sind die Pflanzen überständig, hätten also längst gepflanzt werden müssen. Die Wurzeln haben keinerlei Erde mehr und drängen sich im Topf. Solche Pflanzen wachsen nur sehr schwer weiter.

Mitunter bekommen Sie aber auch Seerosen und andere **Wasserpflanzen ohne Ballen** vielleicht auch von Ihren Nachbarn und Bekannten, die gerade mal ihren zu dicht gewordenen Pflanzenbestand ausgelichtet haben. Man kann ja viele Wasserpflanzen auch ganz leicht durch Teilung vermehren. Achten Sie in solchen Fällen darauf, dass die Wurzeln möglichst frei von Faulstellen sind. Können Sie sie nicht sofort pflanzen, so legen Sie die Wasserpflanzen zunächst einmal an einem schatti-

① Ein schlecht durchwurzelter Ballen fällt beim Herausnehmen aus dem Container auseinander.

② Bei einer überständigen Pflanze wachsen die Wurzeln aus den Abzugslöchern heraus, der Ballen wird beim Austopfen zerrissen.

③ Ein gut durchwurzelter Ballen lässt sich leicht aus dem Topf lösen und behält seine Form.

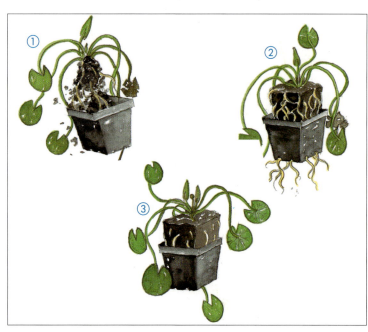

gen Platz in eine Wanne Wasser. Anschließend schneiden Sie alles Trockene, Abgeknickte, Faule ab und bestreichen die größeren Schnittstellen mit Holzkohlenstaub (siehe Seite 51). Das schützt vor weiterer Fäulnis. Anschließend können Sie pflanzen.

Pflanzzeit und Pflanzung

Wasserpflanzen können Sie von April bis in den Herbst hinein pflanzen. Der günstigste Zeitpunkt ist jedoch der Mai, weil sich dann das Wasser bereits leicht erwärmt und die Pflanzen einen ganzen Sommer vor sich haben, um im warmen Wasser Wurzeln zu bilden und bereits kräftig heranzuwachsen. Wählen Sie möglichst einen Tag mit bedecktem Himmel zum Pflanzen aus. Wenn der Teich schon zum Teil mit Wasser gefüllt ist, sollten Sie warten, bis sich das Wasser etwas erwärmt hat. Setzen Sie die Pflanzen zunächst aufs Trockene und lassen Sie erst soviel Wasser einlaufen, dass die Wurzeln wenigstens zum Teil davon erreicht werden. Danach geben Sie immer, wenn sich das bereits eingefüllte Wasser wieder etwas erwärmt hat, einen weiteren Schub zu. Sollte es doch sonnig und warm werden, decken Sie die Pflanzen, die noch »auf dem Trockenen sitzen«, mit einem Vlies ab, wie man es sonst für Gemüse verwendet. Die Pflanzen danken es Ihnen, wenn Sie dieses Vlies von Zeit zu Zeit befeuchten. Schließlich können Sie den Teich bis zum Rand vollaufen lassen. Schwimmpflanzen und einen Teil der Unterwasserpflanzen bekommen Sie ohne Wurzelballen, weil ja beide nicht in der Erde wurzeln. Unterwasserpflanzen halten sich lediglich am Teichboden fest. Ihre Nahrung entnehmen sie durch ihre Triebe und Blätter direkt aus dem Wasser. Sie werden gebündelt und mit einem Stein auf dem Teichboden verankert. Dort breiten sie sich teppichartig aus. Schwimmpflanzen legen Sie einfach zum Schluss auf die Wasseroberfläche. Sie finden mit der Zeit von alleine den Platz, an dem sie am besten gedeihen können.

△ Schwimmpflanzen, hier die Krebsschere, braucht man beim Einsetzen nur aufs Wasser zu legen.

◁ Wasser- und Sumpfpflanzen, die nicht allzu stark wuchern, stellt man mit ihren Ballen auf die Folie (linkes Foto) und umgibt sie anschließend mit magerer Erde. Ein paar Steine verhindern, dass die Erde beim Einlaufen des Wassers weggespült wird.

Die Bepflanzung des Vegetationsgürtels

Was wäre ein Teich ohne Ufer?

Legen Sie Ihren Schwimmteich nie inmitten einer kahlen Rasenfläche an. Dann wäre er wie amputiert! Er läge beziehungslos da, auch wenn Sie ihn sonst noch so gekonnt gestaltet hätten. Ein Badeteich unterscheidet sich ja vom Swimmingpool durch seine Natürlichkeit, eben dadurch, dass er am Ende gar nicht wie künstlich angelegt aussieht und in eine absolut natürlich wirkende Umgebung eingebettet ist. In einem solchen Umfeld können auch die liebenswerten Lebewesen des Wassers gedeihen: die Libellen und Frösche, die Kröten, Molche und Unken und viele andere mehr. Damit Ihr Teich sich wie ein natürliches Gewässer entwickeln kann, schenken Sie der Gestaltung seiner nächsten Umgebung, also den Uferzonen, besondere Aufmerksamkeit.

Ein bequemer Einstieg

Ins Wasser können Sie durch einen kühnen Sprung gelangen oder indem Sie vorsichtig, langsam und sich immer mehr benetzend, hineinwaten. Vorausgesetzt, Sie haben bei der Anlage Ihres Badeteiches an beide Möglichkeiten gedacht! Manche von Ihnen mögen vielleicht auf eine von beiden Arten verzichten – auch gut. Aber im Rahmen dieses Buches soll

Nahtlos und in geschwungenen Linien gehen Schwimmbereich, Vegetationszone und Ufer ineinander über. Der Schwimmteich wirkt wie ein natürlicher See.

Wir legen einen Schwimmteich an

schon auf beide Varianten hingewiesen werden. Gehen wir also davon aus, dass wir an unserem Teich beide Möglichkeiten vorsehen wollen. Sie sollten möglichst dicht beieinander liegen, damit das restliche Ufer weitgehend ungestört bleibt. Vielleicht empfiehlt sich an anderer Stelle noch ein Beobachtungsposten, um das Abenteuer der unzähligen kleinen und größeren Wassertiere so richtig miterleben zu können. Teilen Sie diese Bereiche erst einmal in Ruhe ein. Überlegen Sie, ob Sie einen großen Liegeplatz oder nur einen kleinen Sitzplatz brauchen. Kindern sollten sie auf jeden Fall einen größeren Spielraum geben, ebenso aber auch einen breit angelegten Einstiegsbereich vorsehen, wenn Sie öfter viele Gäste einladen.

Für das sachte Ins-Wasser-Waten müssen Sie von vornherein ein ganz **sanft abfallendes Gefälle** anlegen, im Verhältnis 1 : 3 oder gar 1 : 4. Das würde bedeuten, dass sie vom Ufer ausgehend erst nach drei oder vier Metern teicheinwärts eine Wassertiefe von 1 m erreichten. Bei einem Gefälle von 1 : 2 wäre bereits nach 2 m Strecke 1 m Tiefe erreicht. Das ist mit der Folie nicht ganz unproblematisch, denn je steiler es in den Teich geht, desto rutschiger wird es. Das heißt, Sie müssen entweder das Profil des Aushubs bereits in Stufen anlegen (was Ihnen ohnehin für die Ansiedlung der Wasserpflanzen empfohlen sei) oder eine **Treppe** aus Holz über der Folie anlegen, **mit einem Handlauf** – eine Lösung, die vor allem bei kleinen Badeteichen interessant ist.

Die andere Einstiegsmöglichkeit wäre **ein Steg**, der ja durchaus nicht al-

△ Mit Hilfe von Teichsäcken modellierte Stufen (Zeichnung) führen auf dem Foto von der linken Seite allmählich ins Wasser hinein. Hinten der Steg für einen gewagten Sprung ins kühle Nass.

◁ Über eine Treppe aus Lärchenholz gelangen die Schwimmer direkt in den tiefen Bereich des Badeteichs.

Was wäre ein Teich ohne Ufer? | 55

lein zum Springen dienen muss, sondern der, durch eine Leiter ergänzt, auch einen langsamen Einstieg ins Wasser ermöglicht. Beide Konstruktionen lassen sich leicht installieren, indem man ihre tragenden Pfosten einfach in Mörteltröge einbetoniert, die dann auf einem waagerechten Teichboden stehen. Am Ufer erübrigt sich in diesem Fall eine weitere Verankerung, dort liegen die Balken einfach auf dem Boden auf. Wenn Sie es ganz perfekt haben wollen, können Sie auch dort in zwei Eimern kurze Pfosten einbetonieren, an die Sie dann die tragenden Balken anschrauben. Obenauf werden nur noch Bretter im Abstand von jeweils 3 mm genagelt.

Sitz- und Liegeplatz

Wenn Sie Ihren Badeteich nicht direkt an der Terrasse angelegt haben, brauchen Sie einen Platz am Ufer zum Abtrocknen, zum Ruhen, zum Sonnen oder zum Spielen für die Kinder. Manche Badeteichfans haben einen richtigen Sandstrand am Ufer Ihres Teiches angelegt. Das bietet sich vor allem dort an, wo der Boden ohnehin schon sandig ist. Andernfalls müssen Sie in diesem Bereich den gesamten Mutterboden ausheben und dort Sand aufschütten. Die andere Möglichkeit wäre eine Liegewiese, eigentlich ein Rasen, auf dem Sie wie bei einem Badessee eine Decke ausbreiten und sich hinlegen können. Wählen Sie hierzu eine

In Mörteltrögen, die mit Beton gefüllt wurden, sind die Pfosten des Steges verankert. Die Tröge stehen auf der Folie.

Ein von der Terrasse über den Teich führender Steg trennt den Schwimmbereich von der Vegetationszone dieses Badeteiches.

möglichst strapazierfähige Grassamenmischung, einen Spiel- und Sportrasen, der dieser Beanspruchung auch gewachsen ist.
Eine Alternative zum Rasen wäre es, die Fläche mit flachwachsendem Feldthymian *(Thymus serpyllum)* oder mit Römischer Kamille *(Chamaemelum nobile)* bewachsen zu lassen. Beide Arten sind anspruchsloser als Rasen und breiten sich auch auf magerem Boden teppichartig aus. Sie sind trittverträglich und duften, wenn man über sie hinwegschreitet. Wo sie nicht oder nur wenig begangen werden, blühen sie den ganzen Sommer hindurch.
Natürlich bleibt es Ihnen freigestellt, den Sitz- oder Liegeplatz am Teich

◁ Ein Schwimmteich mit einem Badehäuschen und eigenem Sandstrand: Wer will da noch in den Urlaub fahren?

◁ Von Seerosen eingebettet dient dieser Steg als Beobachtungsposten, Sprungbrett und Sonnendeck zugleich.

Was wäre ein Teich ohne Ufer?

Wichtig: Legen sie den Rasen für die Liegewiese so an, dass weder Rasendünger und noch Mähgut in den Teich gespült werden können. Das heißt, es sollte kein starkes Gefälle vom Rasen zum Teich entstehen.

zu pflastern oder mit Holzplanken zu bedecken. Steine, Holz und Sand speichern mehr Wärme als eine Vegetationsdecke. Es kommt auf Ihr Empfinden an, ob Sie diese Wärmespeicherung nutzen wollen oder ob ihnen die Hitzeabstrahlung im Hochsommer nicht eher lästig ist...

Schützender Erdwall

Auf jeden Fall sollte der Sitz- und Liegeplatz am Ufer ein geschützter Platz sein. Vielleicht können Sie ihn ja in einen Hügel einbetten oder mit einem schützenden Erdwall umgeben. Auch dies ist eine Möglichkeit, den Erdaushub des Badeteiches zu verwenden. Legen Sie diesen Wall so an, dass er von Nordost nach Nordwest vor Kälte und Wind schützt und nach Süden hin eine Sonnenfalle bietet. Oder sie schütten ihn entlang einer befahrenen Straße sowie an der Gartengrenze auf, über die man von außen leicht hineinsehen kann. Achten sie nur darauf, dass der Wall und seine Bepflanzung nicht die meiste Zeit des Tages Schatten auf den Badeteich wirft. Berücksichtigen Sie dabei die Höhe der Gehölze auf dem Wall im ausgewachsenen Zustand.

Ein bepflanzter Erdwall verbessert das Kleinklima im Garten enorm. Keine Mauer und kein Bauwerk bietet soviel Windschutz wie ein mit Bäumen und Sträuchern bewachsener Erdwall. Im Inneren wird Sonnenwärme eingefangen, was aber niemals zu einem Hitzestau führt. Die große Wasserfläche des Badeteiches und die Bäume und Sträucher auf dem Wall gleichen die Temperaturen aus und tragen zu einem rundum angenehmen Klima bei. Wenn Sie genügend Platz haben, legen Sie den Wall nicht direkt am Teich an, sondern so, dass zwischen seinem Fuß und dem Ufer noch mindestens zwei Meter Raum bleiben. Je nach Lage und dem zur Verfügung stehenden Platz können Sie diesen Raum zwischen Wall und Teichufer unterschiedlich nutzen und ausgestalten. Er bietet sich als Sitz und Liegeplatz an, als Spielplatz für die Kinder, aber auch als Vegetationsfläche und Rückzugsgebiet für die Amphibien. Pflanzen Sie auf dem Wall möglichst heimische, blühende und fruchttragende sowie einige dichtwachsende, stachelige Laubgehölze, in denen auch die Vögel genügend Schutz finden. Unter den Bäumen und Sträuchern soll sich mit den Jahren eine dicke Laubdecke bilden, wo Käfer und andere Kleintiere Unterschlupf finden. Einige bodendeckende Pflanzen, wie zum Beispiel Efeu, Goldnessel oder Ysander, halten des Laub am Boden fest. Schichten Sie an einer Stelle einen Reisighaufen auf, unter dem ein Igel und so mancher Molch, manche Kröte überwintern und im Frühjahr Vögel wie der Zaunkönig brüten können.

Wall- oder Strauchhecke

Wo der Platz für einen bepflanzten Erdwall fehlt, sollten Sie dennoch auf einen Schutzstreifen, der zum guten Kleinklima beiträgt, nicht verzichten. Im naturnahen, ländlichen, wildhaften Garten bietet sich dazu eine **Wallhecke** an. Schlagen Sie zwei Pfahlreihen im Abstand von 1 m

Die Idee der Wallhecke ist abgeleitet von den Feldhecken des Hermann Benjes (Benjes-Hecken). Sein Gedanke: Die Vögel suchen in dieser Hecke Unterschlupf, und aus ihrem Kot, den sie dort fallen lassen, keimen Samen genau der Gehölze, die sie für ihre Ernährung brauchen.

in den Boden, deren einzelne Pfähle etwa 2 m weit auseinanderstehen. Diese Pfähle verbinden Sie durch einige diagonal angebrachte, lange Äste, Bohnenstangen oder Latten und füllen das Innere zwischen beiden Reihen mit Reisig aus: stellenweise mit groben Ästen und großen Hohlräumen, und an anderen Stellen wieder dichtbepackt mit feinem Reisig. Auch dorniges Gestrüpp sollten Sie mit einbringen.

Bäume und Sträucher in der Natur wachsen in der Regel im Schutz von Reisig und anderem Gestrüpp empor. Wenn Sie nicht so lange warten wollen und ihnen diese Altholzhecke zu trostlos erscheint, können Sie nachhelfen, indem Sie am Rand der Hecke Brombeeren pflanzen, deren Ranken Sie über das Reisig leiten. Oder Sie lassen (an der Sonnenseite) einjährige Kletterpflanzen wie Prunkbohnen, Zierkürbis, Kapuzinerkresse, Wicken und andere emporklettern. In einigen Jahren ist von dem Reisig kaum noch etwas zu sehen und es hat sich eine richtige **Wildgehölzhecke** gebildet.

Natürlich können Sie auch gleich Gehölze als **mehrreihige Hecke** aus Bäumen und Sträuchern pflanzen. Reicht dafür der Platz nicht aus, so tut es auch eine **einreihige**, freiwachsende **Hecke** aus verschiedenen Sträuchern. Am wenigsten Platz nimmt eine geschnittene Formhecke ein. Wichtig ist bei der Auswahl der Bäume und Sträucher nicht allein, ob sie heimischer oder fremdländischer Herkunft sind, sondern auch dass sie zum einen die Funktion des Windschutzes, im geringen Ausmaß auch des Lärmschutzes erfüllen, vor allem aber den Tieren im und um den Teich einen erweiterten Lebensraum bieten. Je größer die Vielfalt an Insekten, Amphibien, Reptilien, Vögeln und kleinen Säugetieren, desto gesünder ist der Lebensraum Garten, desto weniger müssen Sie eingreifen.

Abwechslungsreiche Randzonen

Unser Schwimmteich ist fertig und bepflanzt, am Ufer ein Sitz- und Liegeplatz sowie ein Spielplatz für die Kinder angelegt und am Rand des Gartens ein Gehölzstreifen gepflanzt, mit oder ohne Erdwall. Fehlt noch der Raum dazwischen, die Überleitung vom Teichrand zum Randstreifen mit Gehölzen. Auch hier können wir Gestalterisches mit Natürlichem, Abwechslungsreiches mit den Bedürfnissen der Tiere, die sich im Badeteich ansiedeln sollen, verbinden. Das Ufer sollte so vielfältig gestaltet sein, dass es auch den Bedürfnissen der tierischen Teichbewohner gerecht wird. Alle Kröten lieben z. B. ein karges Umfeld. Dort fühlen sie sich sicher, weil sich kaum ein anderes, kein feindliches Tier von diesem

Abwechslungsreich und für Mensch und Tier geeignet, lassen sich wie hier die Uferzonen eines Badeteiches gestalten.

kargen Lebensraum angezogen fühlt. Versuchen Sie doch einmal herauszufinden, ob es Kröten (Erdkröten, Kreuzkröten, Geburtshelferkröten oder die seltenen Knoblauch- und Wechselkröten) in Ihrer Umgebung gibt. Dann sollten Sie einen Teil ihrer Flachwasserzonen vegetationsarm halten oder, falls es genügend Platz gibt, noch einmal außerhalb des Badeteiches einen kleinen Tümpel anlegen, in und um den kaum etwas wächst. Das Ufer wird mit Sand und Kies abgedeckt und mit ein paar größeren Steinen geschmückt.

Auch ein alter Baumstamm oder eine Wurzel kann diesen Übergangsbereich schmücken. Einige Gräser sind dort die einzigen Pflanzen. Am Gehölzrand dient ein Holzstapel, ein Reisighaufen, die beschriebenen Wallhecke oder ein Lesesteinhaufen den Tieren als Unterschlupf. Einen interessanten Akzent kann man mit einem nachgestalteten Trockenbachbett setzen. Solche Stein- und Schotterflächen dienen gleichzeitig der Wärmespeicherung.

Offene Uferflächen lieben auch die grünen Frösche, wie der Teich- oder Wasserfrosch. Sie sitzen gern auf dem sandigen Ufer oder auf einem Stein und werden mit der Zeit recht zutraulich. Scheu sind dagegen die brau-nen Grasfrösche und die selteneren Springfrösche. Sie brauchen Deckung, wenn Sie das Teichwasser verlassen. Mit Rohrkolben, Binsen, Schwertlilien, Tannenwedeln und anderen Flachwasser- und Sumpfpflanzen bewachsene Randbereiche im Wasser kommen ihren Bedürfnissen ebenso entgegen wie eine dichte Gräser- und Staudenflora am Ufer oder eine Blumenwiese.

Die kleinen Laubfrösche sind die einzige heimische Froschart, die klettern kann (siehe Bild Seite 127). Bieten Sie ihnen Himbeersträucher, Brombeerranken und Wildrosen in Ufernähe, und mit etwas Glück werden Sie die kleinen Kerle mit dem sympathischen breiten Grinsen auf den Zweigen entdecken.

Trockenmauer als ergänzender Kontrast

Eine Trockenmauer stellt eine gute Ergänzung zum Schwimmteich dar. Bei einem Gelände am Hang lässt sich ein Teil der Böschung durch eine Trockenmauer abfangen und damit der Platz vor dem Badeteich vergrößern. Im flachen Gelände kann man den bereits beschriebenen Erdwall durch Trockenmauern einfassen. Auf diese Weise lässt sich auf kleiner Fläche viel Platz sparen.

Bei Trockenmauern werden Natursteine oder alte Ziegelsteine ohne Mörtel aufeinander geschichtet. Anstelle von Mörtel kommt Erde, am besten eine Mischung aus Lehm, Sand und wenig Kompost, in die Fu-

Trockenmauern stützen einen Hang oder Erdwall und strahlen Sonnenwärme auf den Sitzplatz ab (Zeichnung). In der Nähe des Teiches bieten die Hohlräume einer Trockenmauer Amphibien Unterschlupf (Foto unten).

Was wäre ein Teich ohne Ufer? | 61

gen, von denen die senkrechten bepflanzt werden. Um Kröten und Molchen eine Versteckmöglichkeit für den Winter zu bieten, legt man einige senkrechte Fugen etwas breiter an und bildet sie bewusst als Hohlräume aus. Auch für das Mauswiesel (Wühlmausjäger!) kann man einen Hohlraum in der Trockenmauer schaffen, indem man ein Stück Betonrohr in den unteren Bereich der Mauer einbaut.

Trockenmauern sind auch hervorragende Wärmespeicher – ein Grund mehr, sie in der Nähe des Teiches zu errichten.

Bei einer Trockenmauer werden die Steine auf einem Kiesbett etwas schräg zum Hang geneigt aufgeschichtet, und zwar im Mauerwerksverband, also so, dass jede senkrechte Fuge durch einen darüberliegenden Stein bedeckt ist. Jede Lage Steine wird mit einer dünnen (1 – 2 cm starken) Lage lehmig-sandiger Erde bedeckt. Den Hohlraum hinter der Trockenmauer zum Erdreich füllt man mit Kies auf. Am besten bepflanzen Sie die senkrechten Fugen sofort beim Aufschichten mit Polsterstauden. Gewächse aus dem kargen, zum Teil alpinen Bereich, wie Dachwurz, Jovibarba, Steinbrechgewächse, Fetthenne- und Mauerpfefferarten, das Zimbelkraut, die Felsennelke, Polsterthymiane und manche anderen Kräuter, eignen sich gut zur Bepflanzung von Trockenmauern.

Stauden und Gräser

Gräser passen immer zum Wasser. Mit Vorsicht zu genießen sind jedoch manche Riesengräser wie das Riesen-Chinaschilf *(Miscanthus floridulus)* oder Bambusarten. Allzuleicht können sie mit ihren starken spitzen Wurzeln bis an die Teichfolie vordringen und diese durchstoßen. Ungefährlich in dieser Hinsicht sind weniger wüchsige, zum Teil zierliche Gräser, wie die Morgensternsegge *(Carex grayii)*, das Pfeifengras *(Molinia caerula)* oder die Rasenschmiele *(Deschampsia caes-pitosa)*, die nicht nur eine Zierde für das Ufer sind, sondern auch zum naturnahen Charakter des Teichrandes beitragen. Unter Stauden versteht man ausdauernde, mehrjährige Pflanzen, die im Frühjahr aus dem Wurzelstock austreiben, Triebe, Blätter und Blüten entfalten und danach in ihren oberirdischen Teilen wieder absterben. Der unterirdische Teil, das bei manchen Stauden mit nährstoffspeichernden Knollen und Rhizomen ausgestattete Wurzelwerk, überdauert im Boden den Winter und bringt im nächsten Jahr wieder neue Triebe hervor. Mit jedem Jahr entwickeln sich diese Wurzelstöcke und auch der oberirdische Teil immer kräftiger. Die Auswahl an Staudenarten und -sorten ist groß. In der Tabelle Seite 66/67 beschränken wir uns auf diejenigen, die zum Randbereich des Teiches passt.
Da ja der Folienrand eine Kapillarsperre bildet, damit der Wasserstand im Schwimmteich nicht allzu stark absinkt, entspricht der Standort – was den Boden betrifft – dem allgemeinen Bodenzustand im übrigen

Garten. Es müssen dort also keine Stauden wachsen, die sich speziell für den Sumpf- oder feuchten Boden eignen. Es sei denn, Sie legen dort bewusst eine **Feuchtwiese** an. Dies erreichen Sie, indem Sie den Folienrand an einer Stelle tiefer legen als am restlichen Ufer. Dort läuft dann das Teichwasser bei angestiegenem Wasserspiegel über. Bedenken Sie aber, dass nicht der umgekehrte Effekt eintreten darf, bei dem nährstoffreiche Erde durch das Regenwasser in den Teich gespült würde. Das Erdreich muss also draußen in der näheren Umgebung des Teiches etwas tiefer liegen als die Überlaufstelle. Sie können an dieser Stelle auch einen kleinen Graben ausheben oder eine Sumpfmulde modellieren. In diesem Bereich lassen sich dann Stauden ansiedeln, die auf wechselfeuchten Standorten gedeihen, zum Beispiel Sumpfdotterblumen, Sumpf-

Kleine Kolke und Moortümpel können überlaufendes Wasser nach einem Regenguss aus dem Schwimmteich auffangen. Eine Moorvegetation wie auf diesem Foto sollte man nur anlegen, wenn der Boden ohnehin einen niedrigen pH-Wert aufweist, also auf Torf verzichtet werden kann.

Was wäre ein Teich ohne Ufer? | 63

Der Blutweiderich ist eine lange blühende Staude für flaches Wasser oder feuchte Uferzonen, die auch gern von Libellen und Faltern besucht wird.

Vergissmeinnicht, Blutweiderich, Mädesüß oder Baldrian. Es gibt eine ganze Reihe von Wildstauden und gezüchteten Staudensorten, die in der Teichumgebung ihren idealen Standort finden.

Gelungene Gestaltung

Die Kunst, mit Stauden zu gestalten, besteht darin, die Pflanzen so zu kombinieren, dass möglichst rund ums Jahr etwas blüht oder ein anderer Reiz geboten wird – und wenn es im Winter das rauhreifbedeckte Staudenkraut ist. Aber damit allein ist es nicht getan. Die Stauden sollten auch in Wüchsigkeit, in ihrer Größe und Gestalt (Habitus) aufeinander abgestimmt sein, so dass die Pflanzung einer natürlichen Kräuter-

Die Sibirische Wieseniris breitet sich schnell am bodenfeuchten Teichufer aus. Ihre blauen Blüten öffnet diese Iris von Ende Mai bis Mitte Juni.

und Gräservegetation möglichst ähnlich sieht. Einen Anhaltspunkt gibt eine gewisse Hierarchie zwischen den Stauden, wie sie von professionellen Gestaltern angewendet wird.

Besonders große und in ihrem Habitus eindrucksvolle Stauden bezeichnet man darin als **Solitärstauden**. Sie stehen ganz allein, ohne ein zweites Exemplar ihrer Art an ihrem Platz. Man umpflanzt sie mit möglichst niedrigbleibenden Stauden, so dass ihre schöne Gestalt voll zur Geltung kommt.

Als **Leitstauden** bezeichnet man ebenfalls dominierende, also hochwachsende, eindrucksvolle Arten, mit denen man in Gruppen von drei bis sieben Stück verschiedene Schwerpunkte auf der Staudenrabatte setzt. Diesen Stauden werden niedrigere Arten in größeren Gruppen, je nach Größe der Rabatte von 20 oder mehr Exemplaren zugesellt. Man nennt sie **zugeordnete Stauden**.

Die dritte Gruppe bilden schließlich die **Füllstauden**, die, wie der Name sagt, die Zwischenräume zwischen den anderen Staudengruppen ausfüllen. Es handelt sich dabei meist um bodendeckende Pflanzen. In der nachfolgenden Tabelle sind die Arten nach diesem Schema geordnet.

Die Pflanzung

Der Boden für die Staudenpflanzung muss sehr sorgfältig vorbereitet werden, denn sie soll sich dort über viele Jahre entwickeln, ohne dass der Gärtner wesentlich eingreifen muss.
Das bedeutet: Den Boden tief und

Stauden leiten vom Teichufer in die Gartenumgebung des Gewässers über. Amphibien finden darin Versteckmöglichkeiten, wenn sie das Wasser verlassen.

Stauden für das Schwimmteichufer

Staudenname	Standort	Höhe	Blütezeit, Blütenfarbe	Bemerkungen
Frühling				
Günsel (Ajuga reptans)	frisch	20 cm	4–5, blau	Bodendecker
Himmelsleiter (Polemonium caerulum)	frisch–feucht	bis 60 cm	5–6, blau	nach Rückschnitt Blüte im Sommer
Kuckucks-Lichtnelke (Lychnis flos-cuculi)	feucht–frisch	30–80 cm	5–6, rosa	auch am Teichrand
Märzenbecher (Leucojum vernum)	feucht	20 cm	2–3, weiß	Zwiebelblume
Rosenprimel (Primula rosea)	feucht	15 cm	3–4, rosarot	zum Steingarten hin
Schachbrettblume (Fritillaria meleagris)	feucht	30 cm	4–5, weinrot, und weißlich gewürfelt	Zwiebelblume
Scharbockskraut (Ranunculus ficaria)	feucht	5–10 cm	3–4, gelb	wuchert manchmal
Schlüsselblume (Primula elatior)	frisch–feucht	20 cm	4–5, gelb	versamt sich leicht
Trollblume (Trollius europaeus)	frisch–feucht	50 cm	5–6, hellgelb	auch für Feuchtwiesen
Wiesenschaumkraut (Cardamine pratensis)	frisch–feucht	30 cm	4–6, lila	Wiesenblume
Sommer				
Astilben (Astilbe chinensis u. a.)	frisch–feucht	50–100 cm	6–7, weiß bis rot	liebt Schatten, zahlreiche Arten und Sorten
Badrian (Valeriana officinalis)	feucht–frisch	bis 150 cm	6–8, weiß	Heilpflanze
Beinwell (Symphytum officinale)	feucht–frisch	bis 100 cm	5–7, violett	Heilpflanze
Bittersüßer Nachschattten (Solanum dulcamara)	feucht/trocken	bis 200 cm	6–7, violett	kletternd, giftige Früchte
Blutweiderich (Lythrum salicaria)	naß–feucht	bis 130 cm	6–9, violett	auch im flachen Wasser
Eisenhut (Aconitum napellus)	frisch–feucht	bis 150 cm	6–7, violett	liebt auch Schatten
Engelwurz (Angelica archangelica)	frisch	bis 250 cm	7–8, grünweiß	nur 2–4-jährig, versamt sich
Felberich (Lysimachia punctata)	frisch	60–70 cm	7–9, gelb	robuster Dauerblüher
Frauenmantel (Alchemilla mollis)	frisch	30–40 cm	6, grüngelb	besonders schön am Teichrand
Funkie (Hosta-Arten)	frisch	30–90 cm	6–8, weiß–violett	eigentliche Zierde sind gelb-, weißgrünen oder bläulichen Blätter

Staudenname	Standort	Höhe	Blütezeit, Blütenfarbe	Bemerkungen
Gauklerblume (Mimulus luteus)	feucht	40 cm	5–8, gelb	breitet sich am Teichrand flächendeckend aus
Gelber Enzian (Gentiana lutea)	frisch	bis 100 cm	6–8, gelb	kommt freistehend am besten zur Geltung
Ligularie (Ligularia-Arten)	feucht	60–180 cm	7–9, gelb	auch als Solitärstaude geeignet
Mädesüß (Filipendula ulmaria)	feucht	bis 100 cm	6–7, weiß	robuste Wildstaude
Pfennigkraut (Lysimachia nummularia)	feucht	5–10 cm	6–7, gelb	teppichbildend, auch im Schatten
Rotes Leimkraut (Silene dioica)	frisch	30–80 cm	4–6, purpur	auch unter Gehölzen
Schaublatt (Rodgersia-Arten)	kühlfeucht	bis 120 cm	6–7, gelblich-weiß	dekorativ, schattenliebend
Sibirische Iris (Iris sibirica)	frischfeucht	bis 80 cm	5–6, blau	schöne Teichrandstaude
Storchschnabel (Geranium pratense)	frisch	30–80 cm	5–9, blauviolett	robust und vielseitig
Sumpfgladiole (Gladiolus palustris)	feucht	30–60 cm	6–7, purpurrot	schön für den Teichrand
Wasserdost (Eupatorium purpureum)	feucht	bis 200 cm	7–9, weiß, rosa, weinrot	dekorative Solitärstaude
Wiesenknöterich (Polygonum bistorta)	frisch-feucht	bis 100 cm	5–7, rötlichweiß	stark wuchernd
Wiesenknopf (Sanguisorba officinalis)	frisch-feucht	bis 80 cm	7–8, dunkelrot	Wiesenstaude
Wiesenraute (Thalictrum aquilegifolium)	frisch-feucht	bis 140 cm	5–7, gelblich-weiß	kann zeitweise im Wasser stehen
Taglilie (Hemerocallis-Arten)	frisch	40–100 cm	6–8, gelb	Wildarten; Sorten auch mit anderen Blütenfarben und Blütezeiten

Herbst

Staudenname	Standort	Höhe	Blütezeit, Blütenfarbe	Bemerkungen
Herbstzeitlose (Colchicum autumnale)	frisch-feucht	10 cm	8–10, lila	anpassungsfähig, auch Schatten
Kleinblütige Wildaster (Aster ericoides)	frisch	90–120	9–10, weiß, blau, rosa	alle 3–4 Jahre umpflanzen
Pfeifengras (Monilia caerula)	frisch	bis 100 cm	8–9	leuchtendrote Herbstfärbung
Prachtnelke (Dianthus superbus)	frisch-feucht	bis 60 cm	7–10 rosa	Duft

Funkien, Astilben und Ligularien gedeihen am Ufer in unmittelbarer Nachbarschaft zum Hechtkraut im flachen Wasser.

Abwechslungsreiche Uferzonen locken auch eine große Vielfalt von Insekten, Amphibien und Vögeln an. Hier wechselt eine Kiesschüttung am Ufer mit einem dichten Frauenmantelpolster ab.

Wir legen einen Schwimmteich an

gründlich lockern, von unerwünschten Wildkräutern befreien und in die Oberfläche reifen Kompost einarbeiten.

Stauden werden meistens im Container also in einem Kunststofftopf angeboten. Sie werden vor dem Pflanzen mit dem Container in eine Wanne mit Wasser gestellt, wo sie sich richtig vollsaugen können. Anschließend topft man sie aus und legt sie so auf der vorbereiteten Pflanzfläche aus, wie sie gepflanzt werden sollen. Beim Pflanzen müssen die Wurzeln genügend Platz im Pflanzloch bekommen, der Ballen wird mit wenig Erde bedeckt. Schwertlilien pflanzt man gruppenweise auf eine kleine Erderhöhung, so dass ihre Rhizome nur ganz dünn mit Erde bedeckt sind. Zu tief gepflanzte Bartiris blühen nicht. Nach dem Pflanzen gießt man jede Staude einzeln ohne Brause an und benetzt zum Schluss noch einmal die ganze Fläche mit der Brause.

Kaufen Sie nur kräftig durchwurzelte Pflanzen, deren Wurzeln hell bis weiß sind und die den Topfballen gleichmäßig durchwurzelt haben, ohne dass sie aus dem Topf herausgewachsen sind. Derart überständige Stauden wachsen nur schlecht wieder an.

Nicht mit dem Bärenklau zu verwechseln ist die Engelwurz *(Angelica archangelica)*, die aber ebenso stattlich werden kann (unten links). Wie die Ligularie (unten) gedeiht sie auf feuchtem Boden.

Was wäre ein Teich ohne Ufer? | 69

Blumenwiese

Eigentlich ist die Blumenwiese die einfachere Version einer Staudenrabatte. Denn was wir bei der Staudenrabatte mühsam zusammenstellen und pflanzen, schaffen wir bei der Blumenwiese mit einer einzigen Aussaat. – Im Prinzip! Allerdings sind wir bei der Blumenwiese nie ganz sicher, welche der auf der Packung gepriesenen Arten denn wirklich aufgehen. Doch wer sich nicht auf bestimmte Blumen versteift und eine bunte, naturnahe Wiesenflora haben möchte, sollte an diese Möglichkeit denken, die sich als Benachbarung für den Teich hervorragend eignet. Gegenüber dem Rasen kann eine Blumenwiese nicht betreten werden (außer bei und kurz nach der Mahd). Man würde die schönen Blumen sonst zertrampeln.

Eine Blumenwiese wird genauso angelegt wie eine Rasenfläche. Mit einem wesentlichen Unterschied: Während Rasen einen hohen Nährstoffvorrat mit auf den Weg bekommt, darf eine Blumenwiese nur auf nährstoffarmem Böden angelegt werden. Bei einem zu hohen Nährstoffgehalt würde einseitig das Gräserwachstum gefördert werden und viele der schönen und zarten Wiesenblumen hätten keine Chance, sich zu entfalten. Bauen Sie auf einem nährstoffhaltigen Boden zunächst einmal Kartoffeln, Kürbis oder Gurken an, Pflanzen also, die dem Boden reichlich Nährstoffe entziehen. Zugleich wird der Boden durch diese Pflanzen gelockert.

Viele **Blumenwiesenmischungen**, die man im Handel bekommt, enthalten Klee, viele Margeriten und einen hohen Anteil an Gräsern. An einer Wiese, die aus solchem Saatgut aufgeht, haben Sie wenig dauerhafte Freude. Gräser, Klee und Margeriten werden viele andere Blumen, deren Namen zwar auf der Packung stehen, sehr schnell verdrängen. Am Ende wachsen nur noch Gras und Klee. Am besten wäre es, nach der Mahd, so lange noch das Heu gewendet wird, auf einer artenreichen Wiese in der Nachbarschaft die Samenstände zu sammeln und den daraus gewonnen Samen auszusäen. Dann hätten Sie eine standortgerechte Samenmischung. Dazu gehören allerdings auch einige Kenntnisse, gute Beobachtung und ein gewisses Einfühlungsvermögen in die Wiesenblumengesellschaft. Es gibt aber auch empfehlenswerte, käufliche Mischungen mit Wildblumen, deren Samen in unseren Breiten gewonnen wurde und an deren Auswahl Sie sich lange erfreuen.

Zur **Aussaat** wird der gelockerte Boden wie bei der Rasenanlage glattgezogen, dann der Blumenwiesensamen gleichmäßig ausgebracht und mit dem Rechen etwas eingearbeitet. Anschließend wird die Fläche abgewalzt oder mit an den Schuhen befestigten Brettern festgetreten. Zum Schluß mit dem Rasenregner wässern und darauf achten, dass die junge Saat bis zum Aufgehen nicht austrocknet – sonst keimt sie nicht.

Bei der Blumenwiese ist nicht nur das **Mähen** an sich, sondern auch der richtige Zeitpunkt des Mähens wichtig. Beobachten Sie also, was und wieviel wann blüht. Wenn sich dann an den meisten Blumen die Samenkapseln gebildet haben, ist es

Zeit zum Mähen: mit der Sense, sofern man das kann, oder mit einem Balkenmäher, zur Not auch mit einem hoch eingestellten Rasenmäher. Das Schnittgut wird gut verteilt und mehrmals gewendet (wie beim Heu). Man läßt es so lange auf der Wiese liegen, bis sich die Samenkapseln geöffnet haben und der größte Teil des Samens herausgefallen ist. Anschließend wird es gründlich abgeräumt, so dass es nicht zu Nährstoffanreicherungen kommt.

Wie oft Sie die Wiese mähen, müssen Sie aufgrund Ihrer Beobachtung selbst entscheiden. Manche Wiesen werden nur einmal im Spätsommer gemäht, andere dreimal, und zwar im Frühsommer, im Hochsommer und noch einmal zum Herbstanfang. Der Zeitpunkt liegt immer nach einer reichen Blütezeit und bevor andere Blumen nachzuwachsen beginnen. Das erfordert etwas Fingerspitzengefühl.

Eine Blumenwiese, und wenn sie noch so fachgerecht angelegt und gepflegt wurde, verändert sich von Jahr zu Jahr. In manchen Jahren blüht sie mehr, in anderen weniger üppig, Arten kommen und verschwinden wieder, dafür tauchen so manche Blumen und Kräuter auf, die wir gar nicht gesät haben. Aber gerade das macht die Sache mit der Wiese auch so spannend.

Eine reichblühende Blumenwiese ist eine ideale Nachbarvegetation zu einem Schwimmteich. Sie ist lebendig und abwechslungsreich, und ihre Zusammensetzung verändert sich von Jahr zu Jahr ein wenig.

Was wäre ein Teich ohne Ufer?

Abdichtungsmethoden und -materialien

Selten ist ein Boden so beschaffen, dass man nur ein Loch auszuheben und es mit Wasser zu füllen braucht. Doch welche Methoden und Materialien sind am besten, am preisgünstigsten und am praktikabelsten zum Einbau?

Folien für den Schwimmteich

Schwimmteiche werden am einfachsten mit Folie abgedichtet. Sorgfältiges Arbeiten ist auch hierbei angesagt, doch diese Bauweise verlangt nicht so viel handwerkliches Geschick wie die Abdichtung mit Ton. Teichfolien werden in Stärken zwischen 0,5 und 2,2 mm und in drei verschiedenen Materialien angeboten:

● **Polyvinylchlorid (PVC):** Ein in den letzten Jahren umstrittener Kunststoff, weil seine Herstellung ohne Schwermetalle wie Cadmium und Weichmacher nicht möglich ist. Allerdings haben die meisten Hersteller den Anteil dieser Bestandteile auf das geringstmögliche Maß herabgesetzt. Vorteil: Die Bahnen dieser Folien kann man mit einem Kaltschweißmittel leicht selber aneinanderfügen. Ebenso lassen sich eventuell auftretende Löcher leicht flicken. PVC-Folien gibt es auch in einer gewebeverstärkten Form, die ihre Haltbarkeit erhöht. Insgesamt die preisgünstigsten Folien.

● **Polyäthylen (PE):** Gilt landläufig als umweltfreundlicher als PVC, enthält aber Ruß als UV-Stabilisator, dessen Inhaltsstoffe nicht bekannt sind. Sonstige Eigenschaften ähnlich der PVC-Folie, jedoch lassen sich die

▽ Teichfolie lässt sich auch von Laien relativ leicht einbauen (links). Muss sie jedoch an Ort und Stelle verschweißt werden, sollte man dies unbedingt einer Fachfirma überlassen.

Einige Firmen und Fachgeschäfte kleben und schweißen die Folien auf Wunsch nach Maß. So erspart man sich den Ärger eventueller Undichtigkeiten, wenn man selbst nicht ganz sauber gearbeitet hat.

Bahnen nur mit einem Spezialgerät, einer Art Heißluftfön, aneinanderfügen. Sie lassen sich auch nicht so nicht so leicht flicken wie PVC-Folien. Außerdem sind PE-Folien recht steif. Bei kühler Witterung lassen sich die dicken Folien kaum verlegen.

● **Kautschukfolien:** Sie bestehen aus Natur- oder Synthetikkautschuk. Sie zeichnen sich durch hohe Elastizität und Haltbarkeit aus. Die Bahnen werden mit einem Spezialkleber verklebt. Der Kleber darf nicht zu lange lagern, sonst lässt seine Bindefähigkeit nach. Kautschukfolien sind am umweltfreundlichsten, allerdings auch am teuersten.

Die **Farbe der Folie** spielt im Hinblick auf ihre Haltbarkeit keine Rolle. Wenn die Folie im Teich gänzlich mit Kies bedeckt ist, hat ihre Farbe auch auf die Optik keinen Einfluss. Wenn sie sichtbar wird, wie zum Beispiel an den Seitenwänden und auf dem Boden des Schwimmbereiches, sollten Sie eine schwarze, anthrazitfarbene oder dunkelgrüne Folienfarbe wählen. Diese dunklen Farbtöne fallen am wenigsten auf.

Welche **Folienstärke** man wählt, hängt von der Größe des Teiches und der Belastung der Folie, zum Beispiel durch Steine oder Pflanzkörbe ab. Für Badeteiche empfiehlt sich eine Folienstärke von 1,2 mm, besser noch 1,5 mm. Wichtig ist die sorgfältige **Vorbereitung des Untergrundes**. Er muss frei von Steinen und spitzen oder kantigen Gegenständen sein. Bei steinigem Boden ist eine Ausgleichsschicht mit Sand von etwa 10 bis 15 cm Dicke angebracht. Ansonsten wird die Folie durch ein untergelegtes Vlies vor drückenden Gegenständen von unten.

Auch die **richtige Verarbeitung der Folie am Rand** ist entscheidend. Sie wird nicht, wie oft falsch beschrieben, am Rand nach außen gebogen und eingegraben, sondern zunächst waagerecht verlegt und schließlich senkrecht aufgestellt. Den überstehenden Folienrand schneidet man in Höhe des angrenzenden Erdreichs ab. So entsteht eine Kapillarsperre, die die Wasserverluste des Teichs bei sommerlicher Trockenheit entschieden verringert. Mit Kieselsteinen, Kies oder Sand lässt sich die Randzone so verdecken, dass man von der Folie nichts mehr sieht.

Fertigteiche zum Baden?

Wie eine Badewanne im Freien lässt sich sicher jeder größere Fertigteich verwenden. Die Firma Kruk aus Hessisch Lichtenau stellt seit vielen Jahren ein Baukastensytem aus Fertigelementen her, die aus glasfaserverstärktem Polyesterharz (GFK) gefertigt sind. Dieser Kunststoff zeichnet sich durch eine besondere Haltbarkeit aus. Die Elemente, von denen es verschiedene Varianten gibt, werden ganz einfach mit Schrauben verbunden und an den Anschlussstellen mit Silikon abgedichtet.

Mit den Fertigelementen lassen sich ganze Teichlandschaften gestalten, ebenso sind verschiedene Wassertiefen möglich. An den Kanten der oberen Randelemente sind bepflanzbare Rillen eingearbeitet. Die Wände dieser Fertigteile sind im übrigen steil abfallend.

Naturnahe Profile können also nur durch Kiesaufschüttungen innerhalb des Fertigbeckens geschaffen werden. Falls eine Trennung zwischen dem Badeteil und dem Vegetationsbereich gewünscht ist, muss dies durch aufgeschichtete Kiessäcke erfolgen, die bis dicht unter den Wasserspiegel reichen sollten. Das Becken muss also so groß gewählt werden, dass es den Vegetationsbereich einschließt. Wenngleich dieses Baukastensystem durchaus seine Verlockungen hat, ist man daher nicht so flexibel wie mit einem Ton- oder Folienteich.

Aus optischen Gründen, und um das schwarze Becken etwas aufzuhellen, deckt man den Boden mit einer Kiesschicht ab. Bislang wurde aus diesen Elementen zwar noch kein Schwimmteich gebaut. Aufgrund ihrer Beschaffenheit wäre dies jedoch durchaus denkbar.

Gemauerte Becken und Betonbecken

Früher wurden Wasserbecken aus Ziegelsteinen gemauert und mit einem wasserfesten Putz und Anstrich versehen. Diese Becken hatten rechteckige oder quadratische, seltener andere Grundrissformen. Natürlich ist man mit einem solchen Material nicht so flexibel wie mit Folie, um einen naturnahen Teich zu gestalten. Das Mauerwerk könnte jedoch dazu dienen, den Schwimmbereich von der Vegetationszone zu trennen. In diesem Fall wird ganz unten auf der Teichsohle auf einer Betonsohle von nur 20 bis 30 cm Stärke eine Mauer errichtet, deren Steine mit einem Mörtel 1 : 3 (im Verhältnis Zement : Sand) wie bei jedem gewöhnlichen Mauerwerk aufgemauert werden. Die Folie überdeckt dann die gesamte Teichgrube, einschließlich der Mauer.

Beton ist zweifellos ein plastisches Baumaterial. Auch hier bietet sich die Betonmauer als Trennung zwischen der Vegetationszone und dem Schwimmbereich an. Sie wird in eine vorher angefertigte Verschalung gegossen.

Wollen Sie den gesamten Teich in Beton gießen, so muss auf dem verdichteten, vormodellierten Teichboden eine Baustahlmatte so ausgebreitet werden, dass sie etwas erhöht, also nicht auf dem Boden aufliegt. In den Betonwerken gibt es nach DIN genormte Betonmischungen, darunter auch eine Mischung aus wasserdichtem Beton. Um aber einen ganzen Badeteich mit Beton abzudichten, brauchen Sie nicht nur etliche LKW-Ladungen, sondern auch erfahrene Fachleute, die mit ihrem Wissen dieses Projekt begleiten, sowie viele Helfer, denn der Beton muss, auch wenn er mit Verzögerer bestellt wird, zügig und dennoch sehr sorgfältig verarbeitet werden.

Beton ist nicht unbedingt das haltbarste Material. Durch Setzungen und Frosteinwirkung können mit der Zeit Haarrisse entstehen, die den Teich undicht machen. Dann bleibt nur noch eine Lösung: den Teich ausräumen und eine Folie über dem Beton ausbreiten.

Dichter Teich mit Lehm oder Ton

Lehm und Ton sind ohne Zweifel die natürlichsten Materialien, einen Teich abzudichten. Doch nicht überall sind diese erdigen Materialien aus der Nähe zu bekommen. Außerdem sind Lehm und Ton nicht immer gleich beschaffen. Es ist nicht gesagt, dass ein Lehm oder ein Ton, der sich zum Brennen von Ziegeln oder Keramikvasen eignet, auch einen Teich dauerhaft abdichtet. Die Zusammensetzung von Lehm und Ton kann je nach Vorkommen sehr unterschiedlich beschaffen sein.

Bei Teichmulden, die mit Lehm oder Ton abgedichtet werden, gilt ganz besonders: Die Mulde muss sachte abfallend modelliert sein. Dies lässt sich nur im Vegetionsbereich umsetzen. Außerdem wird der Boden des Schwimmbereiches waagerecht angelegt. Was aber geschieht mit dem Übergang zwischen Vegetationszone und Schwimmbereich, also mit der Trennwand? Zweifellos muss sie aus Holz oder Steinen oder aus gegossenem Beton errichtet werden. Eine solche Wand ist jedoch noch nicht dicht. Die Betonwand muss also aus wasserdichtem Beton, den es mit dem Betonmischwagen ab Betonwerk gibt, gegossen werden – eine Arbeit, die eine sorgfältige Verschalung, eine fachgerechte Armierung und gut ausgebildete Ecken erfordert, und die Sie deshalb nur vom Fachmann durchführen lassen sollten. Eine gemauerte Wand oder eine Abstützung aus Holz kann aber auch abgedichtet werden, indem Sie hinter ihr eine breite Lage Lehm oder Ton einstampfen.

Beide Materialien werden immer erdfeucht verarbeitet. So lassen sich sich am besten verdichten. Zu feuchter oder nasser Lehm oder Ton wird zu einem matschigen Brei, in dem man bei der Arbeit einsinkt und der

Links: Eine gegossene Betonmauer trennt die Vegetationszone vom Schwimmbereich. Auf einem Vlies werden die Tonelemente einander überlappend ausgelegt.

Mitte: Anschließend wird die fertig verlegte Fläche mit einer Vibrationswalze auf den ebenen Flächen...

Rechts: ... und mit einem Motorstampfer auf den leicht geneigten Flächen verdichtet.

Wenn Sie Lehm oder Ton aus einer Lehm- oder Kiesgrube günstig bekommen können, machen Sie zunächst einmal einen Test in einer kleinen Grube, die Sie mit gestampftem Lehm oder Ton ausfüllen und diesen mit Wasser füllen. Beobachten Sie in mehrmals wiederholten Tests, wie lange das Wasser in der Mulde bleibt. Sickert es nach wenigen Tagen durch, oder sinkt der Wasserspiegel nur infolge von Verdunstung ab?

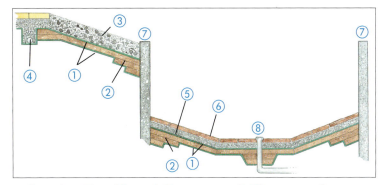

Aufbau eines Tonteiches mit Betonmauer als Abgrenzung des Schwimmbereichs, System Diekmann:

① Das Geovlies wird als Trennschicht unter und auf die Tonelemente gelegt.
② Die Tonelemente werden an den Rändern sowie beim Abfluss in zwei bis drei Lagen verlegt, im übrigen Teich genügt eine Lage.
③ Eine 30 cm dicke Kiesschicht schützt und befestigt die Tonschicht.
④ Überlaufendes Wasser sickert durch eine Splittschicht am Rand und wird durch ein darunter verlegtes Dränagerohr abgeführt.
⑤ Eine 10 cm dicke Lage Schotter schützt die Tonelemente im Schwimmbereich.
⑥ Auf der Schotterlage wurde in einem 3 cm hohen Splittbett Natursteinplatten verlegt.
⑦ Eine an Ort- und Stelle gegossene Betonmauer grenzt den Schwimmbereich von der Vegetationszone ab.
⑧ Durch einen Bodenablauf mit Schmutzsieb kann das Wasser für Reinigungszwecke abgelassen werden.

sich dann nicht mehr gleichmäßig verdichten lässt. Man bringt ihn in mehreren Lagen ein und verdichtet jede Schicht aufs Neue. Bei Lehm und Ton, der frei von Steinen und Wurzeln sein sollte, bringt man eine möglichst dicke Schicht ein, die im verdichteten Zustand etwa 20 bis 30 cm dick ist. Achten Sie auf jeden Fall auf gleichmäßige Verdichtung. Bei der früher oft angewandten Methode, **Ziegelrohlinge** auf dem Teichboden zu verlegen, wird eine Lage längs über den Teichboden, die zweite quer zur Verlegerichtung der ersten ausgelegt. Die dritte Lage wird dann wieder so verlegt wie die erste. Speziell für den Teichbau stellen zwei Firmen aus Norddeutschland **Teichbauelemente aus Ton** her. Der Ton wird nach den Erkenntnissen, die man bei der Abdichtung von Mülldeponien und im Kanalbau gewonnen hat, nach einer bestimmten Sieblinie aufbereitet. Das heißt, die winzigen Tonkolloide (Tonteilchen) werden

Egal in welcher Form Sie Ton bekommen, er muss mit allergrößter Sorgfalt eingebaut werden. Wenn Sie nicht schon über etwas Erfahrung durch ähnliche landschaftsgärtnerische Arbeiten verfügen und sich nicht allzu viel handwerkliches Geschick zutrauen, sollten Sie eine solche Abdichtung unbedingt einer Fachfirma überlassen.

durch verschiedene Siebe mit unterschiedlicher Maschenweite sortiert und in einem bestimmten Mischungsverhältnis zusammengestellt. So gewinnt man eine Mischung, aus der dann die Elemente gepresst werden. Diese Teichbauelemente aus Ton sind bei einem Fabrikat mit stufenförmigem, bei dem anderen mit trapezförmigem Profil ausgebildet. Sie werden einander überlappend verlegt und mit einer Rüttelplatte oder einem Vibrationsstampfer festgerüttelt (siehe Bilder Seite 76/77).

Eine weitere Variante ist **Tonmineralpulver** für den Teichbau, das eine Spezialfirma aus dem Ruhrgebiet vertreibt. Dieses Pulver wird im Verhältnis 1:10 mit Sand vermischt, in erdfeuchtem Zustand aufgetragen und anschließend ebenfalls mit dem Vibrationsstampfer oder mit der Rüttelplatte verdichtet.

Wichtige Voraussetzungen sind eine vorab festgerüttelte Teichmulde sowie eine Kiesauflage von 10 bis 15 cm über der Tonschicht. Diese Kiesschicht gewährleistet, dass die Tonschicht fest bleibt und nicht aufweicht. Sie schützt die Abdichtung. Beim Aushub der Teichmulde müssen Sie natürlich die Dicke dieser Schicht mit einrechnen.

Lassen Sie das Wasser in einen Tonteich besonders behutsam einlaufen. Zuerst wird die Oberfläche der Kieselsteine mit einer feinsprühenden Düse benetzt, dann bindet man eine durchlöcherte Plastiktüte an das Schlauchende, durch die das Wasser langsam in den Teich rieselt.

Ein Tonteich verliert im Sommer eher Wasser durch Verdunstung. Solange sich der Wasserspiegel aber wieder nach einem Regenguss einpendelt, ist dies kein Problem. Ton ist ein kühles Material, durch das auch der Erdboden unter der Tonschicht kühl bleibt. Auf diese Weise heizt sich das Wasser nicht so leicht auf wie bei anderen Abdichtungsmaterialien. Ton ist außerdem in der Lage, Nährstoffüberschüsse aus dem Wasser vorübergehend zu binden und bei Bedarf wieder an die Pflanzen abzugeben. Der Badeteich bleibt also weitgehend frei von Algen, das Wasser ist meistens glasklar.

Grundwasserteich

Am einfachsten wäre ein Schwimmteich zu bauen, wenn man nur ein Loch ausheben und darauf warten müsste, bis es sich von unten mit Grundwasser oder von oben mit Regenwasser füllt. Dieses Glück ist nur wenigen Grundstücksbesitzern beschert, denn selten liegt der Grundwasserstand im Garten so hoch, dass sich eine einmal ausgehobene Grube von selbst mit Wasser füllt und dieses Wasser auch im heißesten Sommer bei anhaltender Trockenheit im Teich bleibt. Möglich wäre es dort, wo das Gelände sumpfig ist, wo sich vielleicht in der Nähe ein natürliches Gewässer befindet. Man sieht ja oft schon nach anhaltenden Regenfällen und nach der Schneeschmelze im Frühjahr, dass das Wasser im Gelände an bestimmten Stellen eine Zeit lang stehenbleibt. Die Frage ist nur: Bleibt es rund ums Jahr in der einmal ausgehobenen Grube, auch dann, wenn es einmal wochenlang nicht geregnet hat? Einen Anhaltspunkt geben natürliche Senken und Tümpel in der näheren Umgebung. Beobachten Sie einmal deren Wasserstandsschwankungen. Wenn der Wasserspiegel dort auch im Sommer nicht allzu tief absinkt, können Sie hoffen.

Graben Sie zur Probe ein schmales Loch bis zu einem Meter Tiefe und beobachten Sie, wie es sich mit Wasser füllt. Sollte das Ergebnis positiv sein, stellt sich zudem die Frage nach der Qualität des Grundwassers. Gibt es in der Nähe stark gedüngte und mit Pestiziden behandelte Ackerflächen? Wieviel von den Nährstoffüberschüssen und Pflanzenschutzgiften findet sich im Grundwasser wieder? Fragen, die sich nicht generell beantworten lassen. Im Zweifelsfall muss hierzu ein Gewässerkundler zu Rate gezogen werden.

Das gleiche gilt, wenn man den Teich mit dem Wasser eines benachbarten natürlichen Gewässers füllen oder einen Bach, der durch das eigene Gelände führt, anstauen will. In diesem Fall stellt sich nicht allein die Frage nach der Wasserqualität, sondern auch nach dem Wasserrecht. Darf der Bach, der durchs Grundstück fließt, verändert werden? Darf man ihn anstauen oder in großen Mengen Wasser aus ihm entnehmen? Diese Fragen sollten Sie klären, bevor Sie sich endgültig ans Werk machen.

Wenn Sie die Möglichkeit haben, das Wasser eines Baches zu verwenden, so sollten Sie Ihren Badeteich nicht mitten im Bachbett anlegen, sondern einige Meter daneben. Schachten Sie dann einen kleinen Seitenarm aus, durch den das Wasser bei Bedarf auch wieder zurück in den Bach fließen kann. Das Wasser wird dann vor dem Seitenarm durch eine Holzplatte oder dergleichen gestaut und fließt so lange in die Teichmulde, bis diese gefüllt ist. Dann wird das Brett entfernt und steht zum wiederholten Anstauen bei sinkendem Wasserspiegel wieder zur Verfügung. Wenn nach der Schneeschmelze der Wasserspiegel ansteigt, kann überschüssiges Wasser durch den Ablauf am anderen Ende des Teiches wieder zurück in den Bach fließen.

Die dritte Möglichkeit, bei der man nur ein Loch ausheben müsste, wäre ein bis in tiefe Schichten reichender, lehmiger oder toniger Boden. In diesem Fall braucht man nur noch auf den Regen zu warten oder Wasser aus der Regenrinne einzuleiten. Auch hierbei empfiehlt es sich, erst einmal nur ein kleineres Loch auszuheben, es mit Wasser zu füllen und zu beobachten, ob und wie lange sich der Wasserstand in dem Loch hält.

Bei allen drei Beispielen ist es natürlich nicht allein mit dem Ausheben eines Lochs getan. In jedem Fall gilt der Grundsatz eines am Ufer sachte abfallenden Teichprofils und einer Trennwand zwischen Vegetationszone und Schwimmbereich. Bei einem mit Bachwasser versorgten Badeteich sowie bei der in Lehm- oder Tonböden ausgeschachteten Mulde muss der Teichboden auf jeden Fall sorgfältig verdichtet werden. Um den Einsatz einer Rüttelplatte oder eines Vibrationsstampfers kommt man in diesem Fall kaum herum. Bei allen drei Varianten muss der Teichboden außerdem mit einer 10 bis 15 cm dicken Schutzschicht aus Kies abgedeckt werden.

Bade-Elixier Wasser

Wasser wird von Chemikern mit der Formel H_2O ausgedrückt. Das heißt, in einem Wassermolekül sind zwei Atome Wasserstoff (Hydrogenium = H) mit einem Atom Sauerstoff (Oxygenium = O) verbunden. Wasser tritt aber auch in der Natur nicht in reiner Form auf – dies trifft allenfalls auf destilliertes Wasser zu. Das Grundwasser ist mit Mineralien angereichert, die auch im Wasser, das wir aus der Leitung zapfen, vorhanden sind. Je nach Zusammensetzung sind auch die Eigenschaften des Bade-Elexiers Wasser verschieden.

Wasserhärte

Das wichtigste Mineral im Wasser ist **Kalzium** (Ca). Dieses Mineral kommt ebenfalls nicht in Reinform vor, sondern immer in Verbindung mit einem anderen Stoff, zum Beispiel mit Sauerstoff (als CaO) oder mit Kohlendioxyd (CO_2). Diese Verbindung nennt sich dann **Kalziumkarbonat oder Kalk** ($CaCO_3$). Kalziumkarbonat löst sich in Wasser und beeinflusst somit dessen Eigenschaften. Je höher der Anteil an $CaCO_3$, desto »härter« das Wasser. Beim Wasserkochen setzt sich dieser Kalk zum Beispiel in der Kaffeemaschine ab.
Für diese »**Wasserhärte**« gibt es einen Messwert, der das im Kalziumkarbonat enthaltene Kalziumoxyd (CaO) misst: Die Deutschen Härtegrade °dH. So entspricht 1°dH = 0,01g Kalziumoxid pro 1 Liter Wasser. Die Messskala reicht von 0°– 30°. Als »weich« bezeichnet man Wasser bis 8°dH, als »mittelhart« Wasser von 8 – 12°dH, als »ziemlich hartes« Wasser 12 – 18 °dH und als »hartes« Wasser von 18 – 30 °dH. Diese Werte kann man selbst mit Hilfe von Indikatoren, die man im Fachhandel bekommt, feststellen oder beim zuständigen Wasserwirtschaftsamt erfragen.

pH-Wert

Kalk in Form von Kalziumkarbonat beeinflusst aber auch den sogenannten pH-Wert des Wassers. Dieser gibt den Säuregrad an. Die Skala reicht dabei von 0 – 4, wobei ein pH unter 7 als sauer und ein Wert über 7 als alkalisch (=basisch) bezeichnet wird. Bei einem pH-Wert von 7 ist das Wasser neutral, saure und alkalische Bestandteile stehen genau im Gleichgewicht. Am günstigsten, auch für das Pflanzenwachstum, ist ein ausgeglichener pH-Wert im schwachsauren bis neutralen Bereich zwischen 6 und 7.
Wenn sich Teile der Kalziumkarbonatmoleküle mit Wassermolekülen verbinden, steigt der pH-Wert des Wassers an, es wird alkalischer. Kalk kann zum Beispiel im Wasser durch

Ein Wassermolekül besteht aus einem Sauerstoffatom und zwei Wasserstoffatomen ①. Durch bestimmte Einflüsse können einzelne Wasserstoffatome zu einem anderen Wassermolekül wechseln ②, so dass manche Moleküle drei Wasserstoffatome, andere nur eins besitzen ③. Je mehr Wassermoleküle mit drei Wasserstoffatomen im Wasser vorhanden sind, desto niedriger liegt der pH-Wert ④. Halten sich die Moleküle mit drei und einem Wasserstoffatom die Waage, liegt der pH-Wert bei 7 im neutralen Bereich ⑤. Bei einem Übergewicht von Molekülen mit nur einem Wasserstoffatom ist das Wasser alkalisch ⑥.

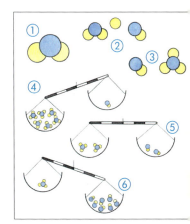

Wenn das Teichwasser ins Ungleichgewicht gerät, dann muss nach der Ursache gesucht werden. Regenwasser enthält keinen Kalk, es ist also ein »weiches« Wasser. Leitet man dieses Wasser in einen Teich mit kalkhaltigem Wasser, so kann das durchaus eine ausgleichende Wirkung haben.

In nährstoffreichem, besonnten Wasser breiten sich Algen schnell aus. Wenn sie wie hier dichte Watten bilden, sollte man sie gründlich herausfischen, den Teich beschatten und Schwimmpflanzen einsetzen.

kalkhaltiges Gestein enthalten sein, aus dessen Schichten es stammt. Oder auch durch Kies oder kalkhaltigen Sand, der eingebracht wurde, oder durch absterbende Gehäuseschnecken im Wasser. Andererseits setzen Bakterien Huminsäuren aus abgestorbenen Pflanzenteilen frei, die kalkhaltiges Wasser wieder in den neutralen Bereich bringen.

Da im Laufe der Zeit immer wieder Algen wachsen und absterben, ebenso auch alle anderen Pflanzenteile, die zu Boden fallen und auf dem Teichboden von Mikroorganismen zersetzt werden, bleibt der pH-Wert im Teich nie konstant. Er kann selbst während eines Tages schwanken. Deshalb wäre es unsinnig, ihn durch Torftabletten und dergleichen beeinflussen zu wollen. Ausgleichend kann schon eher der alte Trick wirken, einen alten Baumstamm oder eine Baumwurzel ins Wasser ragen zu lassen. Dies lässt sich auch gestalterisch gut arrangieren.

Nitrat im Wasser – kippt der Teich um?

Ein allgegenwärtiges Element ist Stickstoff (N), auch im Wasser. Als Gas (N_2) ist in der Luft enthalten, verbindet sich aber fortwährend mit anderen Elementen, zum Beispiel mit Wasserstoff zu Nitrit (NO_3) oder mit Sauerstoff zu Nitrat (NH_4).

Nitrat ist die wichtigste, für Pflanzen aufnehmbare Form von Stickstoff, im Wasser fördert es zunächst einmal das Algenwachstum. Haben die Algen den Nitratvorrat im Wasser aufgenommen, was bei gleichzeitiger starker Erwärmung des Wassers sehr schnell geschieht, sterben sie ebenso schnell wieder ab. Die sauerstoffliebenen (aeroben) Bakterien verbrauchen bei der Zersetzung der abgestorbenen Algen große Mengen Sauerstoff, so dass es zu einem akuten Mangel im Wasser kommen kann und das Leben im Teich schlagartig abstirbt. Man sagt dann: der Teich ist umgekippt.

Phosphate

Ähnlich ist es mit Phosphaten, die ebenfalls eine hervorragende Algennahrung sind. Sterben die Algen ab, so gehen normalerweise die freiwerdenen Phosphationen mit Eisenionen, die von den Pflanzenwurzeln freigesetzt werden, Verbindungen ein. Sie werden auf diese Weise gebunden. Nimmt aber der Phosphatanteil überhand, so kann es ebenfalls zu einer starken Algenvermehrung und zum Umkippen des Teiches kommen. Dann hilft nur noch eine schnelle Belüftung des Teiches oder ein radikaler Wasserwechsel mit einer gründlichen Reinigung.

Gewiss gibt es allerlei Mittel gegen Algen. Doch sie helfen nur vorrübergehend, wenn nicht die Ursachen erkannt und beseitigt werden.

An den Symptomen der Wasserqualität herumzudoktern hat wenig Sinn. Vorbeugend hilft nur eine möglichst naturnahe Anlage und bedingt dadurch eine größtmögliche Vielfalt an Lebewesen, die ein stabiles Gleichgewicht schaffen können.

Regen- oder Leitungswasser

Wasser ist also nicht gleich Wasser. In der Regel sind Sie auf das Wasser aus der Leitung angewiesen, um den neu angelegten Badeteich zu füllen, was Ihnen eine hohe Rechnung beschert. Kostenlos steht Ihnen Regenwasser zur Verfügung. Allerdings brauchen Sie dann eine große Dachfläche, gute Vorrichtungen, um das dort niederschlagende Wasser aufzufangen und Ihrem Teich zuzuleiten, und viel Geduld. Weitere Möglichkeiten wären das Grundwasser, wenn Sie es aus eigenem Brunnen gewinnen können, oder das Wasser aus einem natürlichen Gewässer, sofern Ihnen erlaubt ist, es von dort zu entnehmen.

Wasserqualität

Je nach Gebiet und geologischer Beschaffenheit des Untergrundes kann allein schon Leitungswasser sehr unterschiedliche Eigenschaften aufweisen (Wasserhärte, pH-Wert, Kalkgehalt). Außerdem wird bei der Wasseraufbereitung im Wasserwerk ein gewisser Anteil an Chlor dazugegeben. Hinzu kommen Verunreinigungen wie Düngerüberschüsse und Pestizide aus der Landwirtschaft, die auch durch die Wasseraufbereitung nicht immer ganz beseitigt werden. Regenwasser ist weiches Wasser. Der mineralische Anteil des Kalks fehlt. Pflanzen gedeihen besonders gut, wenn man sie mit Regenwasser gießt. Nach neuesten Untersuchungen der »Bayerischen Landesanstalt für Weinbau und Gartenbau« (LWG) in Veitshöchheim ist Regenwasser heute wieder weitgehend frei von Schadstoffen.

Ihr Entscheidungsspielraum, aus welcher Wasserquelle Sie den Teich füllen wollen, ist klein. Meistens sind Sie allein auf das Leitungswasser angewiesen. Regenwasser kommt aufgrund zu geringer Sammelmöglichkeiten oft nur als Zusatz in Frage.

Badeteich und Swimmingpool – unterschiedliche Wasserqualität

Mit dem Wasser aus der Trinkwasserversorgung werden die meisten öffentlichen Schwimmbäder wie auch die privaten Swimmingpools gespeist. Wo liegt da noch der Unterschied zwischen dem Wasser eines Swimmingpools und dem eines Badeteiches?

In den Swimmingpool wird das Wasser eingelassen, wie es aus der Leitung kommt: H_2O plus Kalziumkarbonat ($CaCO_3$) plus etwas Nitrat (NH_4), Phoshat (PO_4) und in geringen Mengen vielleicht noch den einen oder anderen Stoff.

Bei der Wasseraufbereitung und in Klärwerken verringert man den An-

Auch Grundwasser, bei dem natürlich die Filterung und Aufbereitung durch ein Wasserwerk entfällt, kann mit Pestiziden o. ä. belastet sein. Sie müssen je nach Einzugsgebiet mit noch größeren Belastungen rechnen als beim Leitungswasser.

teil an Phosphaten und Nitraten durch Aluminium- und Eisensulfatsalze. Im Swimmingpool muss zur Desinfektion zusätzlich Chlor eingesetzt werden. Das Wasser dort wird während des Badebetriebs komplett durch einen Filter gepumpt und regelmäßig mit Desinfektionsmitteln angereichert.

Was würde geschehen, wenn man das Wasser einfach ohne Chemie und Technik im Schwimmbecken beließe? Es würde sich bald grün und braun färben. Schwebalgen würden das Wasser trüben, Fadenalgen sich an den Beckenwänden und am Boden ausbreiten. So wie dieses Wasser eine Nährlösung für Algen wäre, würde es auch allerlei Krankheitskeime enthalten, eingeschleppt durch Insekten oder auch durch den badenden Menschen.

Und beim Badeteich soll das nicht der Fall sein? werden Sie fragen. Denken wir doch einmal unser fiktives Beispiel eines Swimmingpools, den man einmal voll Wasser laufen ließ und der danach sich selbst überlassen bliebe, weiter: Die Algen würden sich so stark und so lange vermehren, bis sie im Wasser keine Nahrung mehr fänden. Dann würde ihre Vermehrung nachlassen. Sie würden absterben und auf den Boden fallen. Von irgendwo her schleppen Vögel den Samen oder Teile von Wasserpflanzen ein, zum Beispiel der Kleinen Wasserlinse, von denen ein paar kleine Schwimmpflänzchen an einem Entenfuß hängengeblieben sind. Die Wasserlinse breitet sich aus und lässt keine Algen mehr aufkommen. Mit ihr wäre das Wasser im Becken auf Jahre hinaus bedeckt. Auf dem Boden würde sich allmählich Schlick sammeln, in dem aber irgendwann eine andere Wasserpflanze, eine Unterwasserpflanze vielleicht oder gar eine Teichrose, ganz von selbst wurzeln könnte.

Während dieser pflanzlichen Entwicklung hätten sich auch von Anfang an unzählige Mikroorganismen angesiedelt, die das Ungleichgewicht der Nährstoffe allmählich ins Gleichgewicht brächten.

Diese Entwicklung würde in einem sich selbst überlassenen Schwimmbecken vermutlich Jahrzehnte dauern. In einem nach natürlichem Vorbild angelegten Badeteich schaffen wir von vornherein die Voraussetzungen dafür, dass sich nur noch ein biologisches Gleichgewicht einstellt, wie wir es uns wünschen.

Das biologische Gleichgewicht

Biologisches Gleichgewicht: Was heißt das eigentlich? Entwickelt sich die Natur nicht immer weiter? Welchen Zustand, welche Entwicklungsstufe bezeichnen wir als biologisches Gleichgewicht? Stellen wir einmal die Entwicklung im Wasser eines Badeteiches der vorangegangenen im Schwimmbecken gegenüber. Im Gegensatz zu diesem Becken mit seinen senkrechten Wänden haben wir im Badeteich Flachwasserzonen mit einem sachte in tiefere Bereiche abfallenden Teichboden geschaffen. Allein das sorgt bereits für eine rege Aktivität des Wassers. Die flachen Wasserzonen erwärmen sich schneller als die tieferen und bieten anderen Mikroorganismen eine andere Lebens-

① Zwischen dem Schwimmbereich und der Wasserpflanzenzone findet ein reger Wasseraustausch statt. Die Schwimmpflanzen, Unterwasserpflanzen und die im Teichboden wurzelnden Pflanzen nehmen Nährstoffüberschüsse auf und reinigen das Wasser von schädlichen Substanzen.

② Entwicklung der Kleinstlebewesen im Teichwasser:
a: Verschiedene Algen breiten sich im frisch eingelassenen Wasser aus.
b: Mückenlarven und Schnecken siedeln sich an, ihre Nahrung besteht aus Algen.
c: Käfer und Libellenlarven stellen sich ein. Sie ernähren sich unter anderem von Mückenlarven.
d: Frösche, Kröten, Molche und ausgewachsene Libellen bleiben als Dauergäste in einem gesunden Teich.

grundlage als die kühleren und tieferen Bereiche. Kühles und wärmeres Wasser vermischen sich miteinander. Die Vielfalt des Mikroplanktons ist also wesentlich größer als in einem Betonbecken mit viel homogenerem Wasser. Hinzu kommt die Aktivität der Pflanzen, die wir mit Bedacht ausgewählt und gut platziert eingesetzt haben.

Doch verfolgen wir einmal die Entwicklung von dem Augenblick an, zu dem wir den Teich fertig bepflanzt und mit Wasser befüllt haben – mit dem gleichen Leitungswasser, mit dem wir unser fiktives Schwimmbecken vollaufen ließen. Zunächst einmal geschieht in Badeteich und Schwimmbecken genau das Gleiche: Das Wasser wird von der Sonne erwärmt, Algen siedeln sich in kurzer Zeit an. Im kalk-, nitrat- und phosphathaltigen, erwärmten Wasser finden sie die ideale Nährlösung.

Mückenplage

Das grünlich-bräunlich gefärbte, algendurchsetzte Wasser ist ideal für Mücken. Sie legen dort ihre Eier ab, und die Larven können sich in dem reichen Nahrungsangebot optimal entwickeln. Doch keine Angst! Am Teich entwickelt sich noch lange keine Mückenplage, zumindest nicht am Badeteich. Abgesehen davon stechen viele Mückenarten gar nicht, und es stellen sich bald andere Kleinlebewesen ein, die sich wiederum von den Mückenlarven ernähren.

So stellt sich das Gleichgewicht ein

Mit dem Aufkommen der Kleinstlebewesen fangen Badeteich und Schwimmbecken an, sich unterschiedlich zu entwickeln. Während in

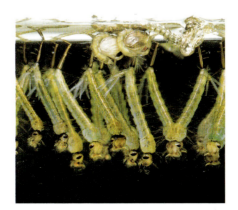

Mückenlarven ernähren sich von Schwebalgen und bieten sich als Nahrung für größere Insektenlarven an. Deshalb kommt es nicht zur Mückenplage am Teich.

Zu den Unterwasserpflanzen gehört auch die Kanadische Wasserpest (Elodea canadensis). Sie wuchert und unterdrückt manche anderen Lebewesen im Wasser. Dennoch gibt es Teichbauer, die auf die reinigende und Sauerstoff produzierende Eigenschaft der Wasserpest schwören.

dem fiktiven Schwimmbecken, das sich selbst überlassen bleibt, kaum andere Lebewesen hinzukommen, stellt sich im Badeteich allein durch die vorhandenen Pflanzen eine größere Vielfalt ein. Abgesehen davon, dass durch den Kauf der Pflanzen bereits Wasserschnecken, Libellenlaich und so mancher Wasserläufer, manche Ruderwanze mit in den Teich eingeschleppt wurden, locken die Pflanzen auch Libellen und andere Insekten aus benachbarten Gewässern an. Die dadurch entstehende lebendige Vielfalt läßt kein einseitiges Ungleichgewicht zu, so dass es zu keiner Mückenplage am Teich kommen kann.

Unterwasserpflanzen entnehmen ihre Nahrung nicht aus dem Teichboden, sondern direkt aus dem Wasser. Sie nehmen also wie die Algen Nitrat und Phoshat auf und entziehen damit den Algen die Nahrung. Eine Algenart, die Rauhe Alge *(Chara aspera),* ist sogar in der Lage, Kalk aus dem Wasser zu binden. Diese Alge ist als solche kaum zu erkennen. Man kann sie als Unterwasserpflanze kaufen und auf dem Teichboden einsetzen. Pflanzen die unter Wasser wachsen, brauchen keine Erde. Sie werden, gebündelt nur mit einem größeren Stein, im Teich eingesetzt und sinken zu Boden (siehe Seite 53). Dort breiten sie sich teppichartig aus. Eine ähnlich wirkungsvolle und völlig unproblematische Unterwasserpflanze ist das Hornkraut *(Ceratophyllum demersum).*

Schwimmpflanzen brauchen Sie nur aufs Wasser zu legen. Der Froschbiss *(Hydrocharis morsus-ranae)* bildet ähnlich wie Erdbeeren Ausläuferfäden, an deren Enden Kindel heranwachsen. Die Krebsschere *(Stratiotes aloides)* lebt halb untergetaucht an der Wasseroberfläche und taucht im Winter ganz unter. Sie wird dann zur Unterwasserpflanze. Diese beiden empfehlenswertesten Schwimmpflanzen senden wie die anderen Arten dieser Gruppe ihre Wurzeln nicht bis auf den Teichboden, sondern entnehmen ihre Nahrung ebenfalls direkt aus dem Wasser. Auch sie sind wichtige, unverzichtbare Konkurrenten der Algen. Außerdem beschatten diese Pflanzen die Wasseroberfläche und verzögern auf diese Weise die Erwärmung des Wassers, tragen also zur Hemmung des Algenwuchses bei. Die mangels Nahrung abgestorbenen Algen sinken zu Boden, wo sie von Wasserschnecken und einer Vielzahl anderer Kleinlebewesen vertilgt, ihre Nährstoffe mineralisiert werden. So können sie auch von den Wurzeln der anderen Wasserpflanzen aufgenommen werden, die nach dem Pflanzen erst einmal einige Zeit brauchten, um sich zu entwickeln und sich auszubreiten.

Wenn dieses Stadium erreicht ist, bei dem das Wasser keine überschüssigen Nährstoffe mehr enthält, kann man schon von einem gewissen biologischen Gleichgewicht sprechen. Hinzu kommt noch die weitere Entwicklung der Tiere des Teiches, der Libellen, Wasserläufer und Ruderwanzen, vielleicht des Gelbrandkäfers, der Frösche und Kröten, der Molche und Unken. Mit ihnen werden die Nahrungsketten bzw. -netze erweitert, so dass Sie in der Tat sicher vor einer Mückenplage sein können, die so manche teichinteressierte Gartenfreunde zunächst abschreckt. Insekten und Amphibien

Niemals sollten Sie Amphibien, deren Laich oder Larven aus natürlichen Gewässern entnehmen und in Ihren Teich einsetzen. Zum einen wäre dies ein Eingriff in die natürliche Lebensgemeinschaft und man kann gegen das Naturschutzgesetz verstoßen. Zum anderen lässt sich auch bei sorgfältigster Lebensraumgestaltung nie genau abschätzen, ob Ihr Teichbiotop auch tatsächlich von den Tieren angenommen wird. Wenn die eingesetzen Frösche und Kröten dann wieder abwandern, war diese Aktion sinnlos und sie fallen nur dem Verkehr der nächstgelegenen Straße zum Opfer.

wandern von selbst zu. Natürlich kommt es dabei darauf an, welche dieser Tiere es bereits in Ihrer Umgebung gibt. Wenn Sie sich bei Naturschützern oder mit der örtlichen Fauna vertrauten Biologen erkundigen, können Sie vielleicht durch eine entsprechende Gestaltung der Randzonen und der Landlebensräume dazu beitragen, dass dieser von Ihnen künstlich geschaffene Lebensraum von den Tieren angenommen wird. Das Wasser bleibt bei einem eingespielten biologischen Gleichgewicht auch immer in gleicher Qualität. Vorübergehend können Trübungen auftreten und sich Algen bilden. Das ist jedoch nicht bedenklich, wenn dieser Zustand nicht anhält. Algen regulieren den Nährstoffhaushalt im Wasser. Wenn Sie dauernd auftreten, dann ist dies ein Zeichen von Nährstoffüberschüssen im Teichwasser, deren Ursache Sie herausfinden müssen. Wird das Wasser nach vorübergehenden Trübungen wieder klar und algenfrei, dann brauchen Sie keine Bedenken zu haben, dann ist das Wasser gesund und Sie können bedenkenlos darin baden.

Fische in den Teich?

Für viele Gartenfreunde gehören **Goldfische** unbedingt zum Teich dazu. Und Fischzüchter sowie Händler, die die Fische, das Futter und allerlei Zubehör verkaufen, tun das ihrige dazu: Goldfische machten einen Teich erst richtig lebendig, sie hielten das Wasser sauber und bewahrten vor einer Mückenplage, so die landläufigen Aussagen. – Was geschieht, wenn Sie in einen neu angelegten Teich Fische einsetzen? Zunächst einmal gehen sie auf Nahrungssuche. Auch wenn sie gefüttert werden, verachten sie auch die Kleinstlebewesen nicht, die ja gerade dabei sind, die Algen zu reduzieren. So nehmen sie den Algen eine wichtige Gruppe von Gegenspielern. Außerdem reichern diese Fische das Teichwasser durch ihren Kot und ihre Kiemenausscheidungen mit Nitraten und Phosphaten an, also genau den Nährstoffen, die wir ja aus dem Wasser heraushalten wollen. Und was die Lebendigkeit des Teiches angeht: was könnte schöner und lebendiger sein als die vielen Überraschungsgäste im Teich, die sich plötzlich einstellen. Denen lassen exotische Fische kaum eine Chance!

Heimische Wildfische erhalten Sie in speziellen Fischzuchtanstalten.

Nun sind die meisten Schwimmteiche so groß, dass sie durchaus ein paar Fische vertragen können. Jedoch sollten die Fische dann nie sofort, sondern frühestens nach einem Jahr, besser erst nach zwei oder drei Jahren eingesetzt werden. An dem Märchen, dass sich die Fische in ihrer Größe und Vermehrung der Größe des Gewässers anpassen, ist kaum ein Fünkchen Wahrheit. Oft drängeln sich die Goldfische in kleinen Teichen, in den einmal drei Exemplare eingesetzt wurden, nach wenigen Jahren wie die Heringe im Fass. Darunter sind dann Exemplare in einer Größe, die das Herz eines jeden Anglers höher schlagen ließen. In einem großen Schwimmteich haben sie noch mehr Raum und nehmen ebenfalls nach kurzer Zeit überhand. Sie stören das biologische Gleichgewicht erheblich.

Wenn überhaupt Fische im Teich, so empfehlen sich kleine, **heimische Wildfische**, wie beispielsweise der Dreistachlige Stichling, das Moderlieschen, die Elritze, der Ukelei und einige andere. Sie leben in Schwärmen und stellen jeweils eigene Ansprüche an ihren Lebensraum im Wasser.

Deshalb gilt auch hier als wichtige Grundregel: Abwarten, wie sich das Leben im Teich entwickelt. Erst nach ein bis zwei Jahren lässt sich dieses neugeschaffene Biotop so beurteilen, dass man es mit den Ansprüchen der Fische vergleichen kann. Dann aber sind diese heimischen kleinen Wildfische unproblematischer für die

Das prächtig gefärbte Männchen des Dreistacheligen Stichlings lockt ein Weibchen in sein Nest.

Quicklebendige Moderlieschen ziehen in Schwärmen durch das Wasser. Unter günstigen Bedingungen können sie sich gut vermehren.

Lebensgemeinschaft im Teich als die vielgeliebten Goldfische. Sie ernähren sich von den Lebewesen, die ihnen der Teich bietet, ohne deren Vielfalt zu verringern. Da sie nicht gefüttert werden, reichern sie auch das Teichwasser nicht in störender Weise mit Nährstoffen an.

Auch das vielfach vorgebrachte Argument von Goldfischverfechtern, man sehe diese Wildfische ja kaum, stimmt nur bedingt. Gewiss haben Wildfische keine derart leuchtende Farbe. Im klaren Wasser sind sie aber dennoch gut zu erkennen. Diese kleinen Fische wirken, wenn sie in Schwärmen ihre Bahnen ziehen, viel munterer und lebendiger als die schwerfälligen Exoten. Auch ihre Lebensweise ist viel interessanter als die der Goldfische, und Sie können sie leicht im klaren Wasser beobachten.

So braucht der **Bitterling** zu seiner Fortpflanzung die Teich-, Fluss- oder Malermuschel – und umgekehrt die Muschel den Bitterling. Zur Laichzeit fährt das Bitterlingsweibchen eine lange Legeröhre aus, mit der sie ihre Eier in die Atemöffnung der Muschel legt. Anschließend befruchtet das prächtig gefärbte Männchen die Eier. Nach einigen Wochen stößt die Muschel die frischgeschlüpften Fische mit dem Atem ins Wasser aus. Die in unseren – noch gesunden – Gewässern lebenden Muscheln sind hervorragende Wasserfiltrierer, die auch im Badeteich wertvolle Dienste leisten können. Sie bekommen sie in speziellen Zuchtanstalten zusammen mit dem Bitterling.

Noch spannender ist das Brutverhalten des **Dreistacheligen Stichlings**. Er ist der einzige heimische Fisch, der unter Wasser ein Nest baut. Das

Männchen errichtet im ufernahen flachen Wasser ein rundes, manchmal kugelförmiges Nest und lockt das Weibchen dort hinein. Nach der Eiablage verlässt das Weibchen wieder das Nest, und das Männchen betreut die Brut und verteidigt das Nest gegen jeden vermeintlichen Angreifer. Das alles können Sie und Ihre Kinder vom Ufer aus beobachten. Was sind dagegen ein paar müde Goldfische, die träge nach Futter schnappen, sobald man sich dem Teichufer nähert?

Der Bitterling braucht die Teich- oder Malermuschel zu seiner Fortpflanzung (ganz oben). Goldfische (darunter) trüben das Wasser und fördern durch ihre nährstoffreichen Ausscheidungen das Algenwachstum.

Fische in den Teich?

Filterung und Umwälztechnik

Wie wir gesehen haben, ist das Wasser unseres Teiches nicht nur eine chemische Substanz, sondern ein höchst wandlungsfähiges, lebendiges Medium. Für seine Reinheit und Klarheit sorgen die Kleinlebewesen gemeinsam mit den Wasserpflanzen. Aus diesem Grund haben Sie sich ja für einen Badeteich statt eines Swimmingpools entschieden. Durch den Temperaturausgleich zwischen flachen und tiefen Wasserzonen sowie durch die Bewegung, die durch das Schwimmen entsteht, wird das Wasser innerhalb des Badeteichs umgewälzt und in die Pflanzenbereiche gebracht. Dort kommt es zur Ruhe, Schwebstoffe und eventuelle Verunreinigungen setzen sich ab, werden von Mikroorganismen mineralisiert und stehen den Pflanzen als Nährstoffe zur Verfügung. Ein Kreislauf, der gut funktioniert und keiner Ergänzung mehr bedarf, wenn er sich einmal eingespielt hat.

Doch gibt es Situationen, in denen Sie noch mehr zur Wasserklärung mit Pflanzen tun können, unter Umständen auch müssen. Haben Sie die Möglichkeit, von einer großen Dachfläche Regenwasser zu sammeln, so sollten Sie diese Chance nutzen. Wie Sie jedoch im vorigen Kapitel erfahren haben, ist das Regenwasser zwar weitgehend frei von Schadstoffen, doch kann es dennoch hier und dort zu Anreicherungen von Luftverschmutzungen kommen, die sich auf dem Dach abgesetzt haben, oder es hat sich Blütenstaub und dergleichen im Wasser gesammelt. Auch durch faulendes Laub in der Dachrinne kann das Wasser mit Nährstoffen angereichert werden. Diese eingebrachten Substanzen können Sie vorab herausfiltern, und zwar mit Hilfe von Pflanzen, also auf ebenso natürliche Weise wie der Badeteich durch die randliche Vegetationszone gereinigt wird: durch eine Pflanzen-Kläranlage.

Die Pflanzen-Kläranlage

Dieses System hat sich seit vielen Jahren in unterschiedlichen Größenordnungen und Variationen bewährt, zum Beispiel zur Klärung von Abwässern aus Wohnhäusern und von Campingplätzen sowie an abgelegenen Bauerngehöften oder Gasthöfen. Das Prinzip: Die Abwässer werden erst in eine Anlage mit drei Kammern geleitet, wo sich die groben Schwebstoffe absetzen. Das vorgeklärte Wasser verrieselt nun in drei aufeinander folgenden **Sumpfbeetklärstufen**. Es handelt sich dabei um mit Folie abgedichtete Becken, die mit Kies aufgefüllt und mit Repositionspflanzen bepflanzt wurden.

Reizvoll und nützlich zugleich: Aus einer künstlichen Quelle fließt das aus dem Schwimmteich abgesaugte Oberflächenwasser über mehrere Klärstufen gereinigt in den Schwimmteich zurück.

Eine kleine Sumpfbeetkläranlage: Aus der Dachrinne oder dem Wasserhahn setzt sich das Wasser zunächst nacheinander in den Klärstufen ab, bevor es, von Sumpfpflanzen gereinigt in den Teich gelangt.

Repositionspflanzen: Darunter fasst man eine Gruppe von Sumpfgewächsen zusammen, die in der Lage sind, schädliche Verbindungen aufzulösen und auf diese Weise das Wasser zu reinigen. Dies bewirken sie auf unterschiedliche, aufeinander abgestimmte Weise. Zunächst einmal setzen sich zwischen diesen Pflanzen Schwebstoffe aus dem Wasser ab. Durch ihr kräftiges Wurzelwachstum halten die Pflanzen den Boden locker, und sie belüften ihn von oben durch die Leitbahnen ihrer Triebe und Blätter. Auf diese Weise bieten Repositionspflanzen den aeroben Bakterien optimale Lebensbedingungen, auch indem sie den pH-Wert zum neutralen Bereich hin regulieren. Die Bakterien mineralisieren Schwebstoffe und Schadstoffe, so dass die entsprechenden Nitrate und Phoshate von den Pflanzen aufgenommen werden können. Durch ihre Wurzeln scheiden die Repositionspflanzen Sauerstoff aus, der keimtötend wirkt auf schädliche Mikroorganismen, wie Colibakterien, Salmonellen und Enterokokken. Schließlich nehmen sie auch Umweltschadstoffe auf und befreien so das Wasser von ihnen.

Wenn dieses System sogar zur Klärung von Fäkalien funktioniert, ist es zur Filterung von Regenwasser, Leitungswasser oder Flusswasser sowie des Wassers aus dem Badeteich allemal geeignet. Eigentlich erfüllt im Badeteich schon die Vegetationszone diese Funktion. Und wenn der Wasserspiegel im Sommer durch Verdunstung sinkt, muss der Teich nicht unbedingt aufgefüllt werden. Andererseits wäre es schade, das viele Regenwasser der Kanalisation zuzuführen, wenn man doch in den Teich leiten könnte.

Ein solches Sumpfbeet können Sie zwischen Regenwasserrohr, Grundwasserbrunnen oder dem Zulauf aus einem öffentlichen Gewässer auf der einen und dem Schwimmteich auf der anderen Seite anlegen. Es benötigt nicht wie eine große Anlage ein vorgeschaltetes Dreikammersystem, sondern allenfalls ein Auffangbehälter, in dem sich erste Schwebstoffe absetzen und aus dem heraus das Wasser ins Sumpfbeet überläuft. Um eine möglichst gründliche Reinigungswirkung zu erzielen, sollte das Wasser nicht zu schnell durch das Sumpfbeet laufen. Daher ist es empfehlenswert, zwei oder drei stufenförmig miteinander verbundene Becken anzulegen.

Größe und Anlage

Die Größe einer solchen Pflanzen-Kläranlage richtet sich nach der zu erwartenden Wassermenge vom Dach oder aus einer anderen Quelle. Beim Dach können Sie sie beispielsweise ermitteln, indem Sie eine Regenwassertonne (200 oder 300 l) unter das Fallrohr stellen und bei einem Wolkenbruch beobachten, in welcher Zeit sie sich füllt. Anschließend rechnen Sie noch die Dauer des Regens hinzu und bekommen so einen Anhaltspunkt. Da Sie ja nur Regenwasser und keine stark belasteten Abwässer klären wollen, reicht es, die richtige Größe über den Daumen gepeilt zu ermitteln. Das aufgefangene Wasser sollte nur erst einmal in dem Sumpfbeet zur Ruhe kommen, bevor es in den Teich läuft. Wenn es zu schnell hindurchfließt, ist die Wirkung geringer.

Diese drei Sumpfbeete können Sie in Form von flachen Tümpeln oder eines Bachlaufs in mehreren Stufen mit einer Tiefe von 30 bis 40 cm anlegen, je nach der zu erwartenden Wassermenge und des zur Verfügung stehenden Platzes. Wie bei einem Teich dient Folie als Abdichtung und eine 30 bis 40 cm dicke Kiesfüllung als Substrat. In den Kies werden die Pflanzen ohne Container gesetzt. Solange es noch nicht regnet, müssen die Pflanzen bei Bedarf gegossen werden.

Auswahl der Pflanzen

In den professionellen Sumpfbeetkläranlagen wird unter anderem als Repositionspflanze Schilf *(Phragmites australis)* eingesetzt, von dem in Hausgärten auf jeden Fall abzuraten ist, weil es stark wuchert und bis in den Badeteich vordringen würde. Empfehlenswerter sind andere, ebenso wirksame Sumpfgewächse: z. B. Breitblättriger und Schmalblättriger Rohrkolben *(Typha latifolia* und *T. angustifolia)* – für größerer Anlagen, Wasserschwertlilie *(Iris pseudacorus)*, Flechtbinse *(Scirpus lacustris)*, Flatterbinse *(Juncus effesus)*, Aufrechter Igelkolben *(Sparganium erectum)* sowie Kalmus *(Acorus calamus)*. Natürlich können Sie außerdem die eine oder andere Pflanze aus dem Sumpf- und Flachwasserbereich dazugesellen, zum Beispiel die Schwanenblume *(Butomus umbellatus)* oder am Rand Sumpfdotterblumen und Sumpf-Vergissmeinnicht.

Filteranlagen

Wer zur Sauberkeit seines Badeteiches noch durch weitere Maßnahmen beitragen möchte, kann eine solche kleine Pflanzen-Kläranlage wie einen Filter einsetzen, durch den das Wasser gefördert wird. Dazu

Der Kleine Rohrkolben *(Typha minima)* gedeiht im flachen Uferwasser und wuchert nicht so stark wie seine großen Brüder (oben links). Die Wasserschwertlilie ist eine typische, bei uns heimische Sumpfpflanze (oben).

wird das Teichwasser an der tiefsten Stelle aus dem Teich gepumpt und durch eine unterirdisch verlegte Leitung an eine künstliche Quelle am oberen Ende der Sumpfbeetklärstufen befördert. Dort nimmt es seinen Weg durch die drei Stufen und wird von den Repostionspflanzen von eventuellen Schwebstoffen und Nährstoffüberschüssen gereinigt.

Oberflächen-Skimmer

Ein in Schwimmteichanlagen häufig eingesetztes Filtersystem ist mit einem sogenannten Oberflächen-Absaugbehälter, auch Oberflächen-Skimmer genannt, verbunden. Dabei handelt es sich um ein kleines Auffangbecken oder eine Überlaufrinne, die in der Hauptwindrichtung am Teichrand angebracht wird. Dieser Behälter ist mit einem Laubfanggitter abgedeckt. Der Wind weht das Oberflächenwasser zu dieser Auffangrinne hin, wo sich auch Laub und andere auf dem Wasser schwimmende grobe Stoffe vor dem Gitter sammeln und dort von Zeit zu Zeit entfernt werden müssen.

Auch hier haben die Schwimmteichbauer wieder unterschiedliche Systeme und Methoden entwickelt, das Wasser zu reinigen. Bei dem einen System läuft das Wasser zunächst in einen Absetzschacht von etwa 1,50 m Tiefe, der mit Gesteinssplitt, manchmal in unterschiedlicher Korngrößen, gefüllt ist. Darin setzen sich zunächst einmal die gröbsten Schwebstoffe ab, bevor das Wasser durch eine außen installierte Pumpe zu einer künstlichen Quelle befördert wird. Von dort verrieselt es im Sumpfbeet oder in einem ebenfalls mit Repostionspflanzen besetzten Klärteich.

Andere Schwimmteichbauer setzen ein spezielles, gesplittetes Gestein mit dem Namen »Zeolith« zur Filterung ein. Dieses Gestein ist sehr porös und hat auf diese Weise eine um ein Vielfaches vergrößerte Oberfläche. Darauf siedeln sich unzählige Bakterien an – oder sie werden angesiedelt –, die dann das aus dem Oberflächenskimmer zugeführte Wasser reinigen, indem sie Phophat und Nitratverbindungen auflösen. Über eine Pumpe gelangt das gereinigte Wasser wieder zurück in den Teich.

Der Skimmer nimmt das Oberflächenwasser auf. Laub und andere grobe Schwebstoffe werden durch ein Sieb abgefangen (unten). Bei diesem Teich wird das Wasser durch einen mit Gesteinssplitt gefüllten Filter gepumpt.

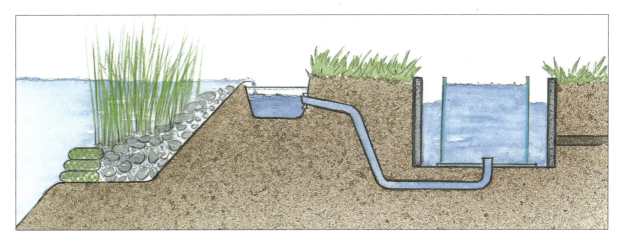

Dreikammerfilter

Andere, technisch konstruierte Filter sind in drei Kammern aufgeteilt, durch die das Wasser hindurchgepumpt wird. In der ersten Kammer sind zylinderförmige Bürsten installiert, die die gröbsten Stoffe auffangen. In der zweiten Kammer befinden sich Feinfilter, beispielsweise Schaumstoffplatten, in denen feinen Schwebalgen herausgefiltert werden. Die dritte Kammer ist mit gebranntem Ton gefüllt, durch die das Wasser langsam rieselt und wieder zurück in den Teich befördert wird.

Schwimmbadfilter

Bei Schwimmbadfiltern bilden Quarzsand, Kies, gelochte Ziegelsteine und andere Materialien das Filtermedium. Die Kammern derartiger Filteranlagen werden gut durchlüftet, so dass die aeroben Bakterien an der Umwandlung von Stickstoffverbindungen arbeiten können. Derart aufwändige Filteranlagen sind vor allem in Schwimmteichanlagen zu empfehlen, die sehr intensiv von Badegästen genutzt werden.

Das Wasser sollte auch durch diese Filter nicht mit allzu hoher Geschwindigkeit gedrückt werden. Zum einen würde auf diese Weise das Plankton aus dem Teich abgezogen und dort die Selbstreinigungskraft des Wassers erheblich herabgesetzt werden, zum anderen lässt auch die Filterwirkung dieser Anlagen mit der

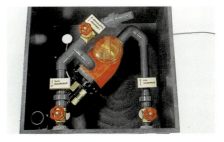

Durch eine Überlaufrinne gelangt das Wasser von unten in einen mit einem speziellen Granulat gefüllten Filter. Von dort wird es wieder zurück in den Teich gepumpt.

Unten: In einem Pumpenschacht außerhalb des Teiches ist die Pumpe (links) installiert.

Zeit nach. Das Filtermaterial muss dann gereinigt oder ganz ausgetauscht werden.

Pumpen

Zum Fördern des Wassers durch den Filter benötigen Sie eine Pumpe, deren Leistung nicht mehr als 100 bis 150 Liter pro Minute betragen sollte. Am schonungsvollsten ist die Wasserzufuhr durch den Skimmer. Die Pumpe, am besten eine **Kreiselpumpe** mit einer Leistung von 550 Watt, muss in einem wasserdichten Pumpenschacht außerhalb des Schwimmteiches installiert werden.

Bewegtes Wasser – Springbrunnen oder Bachlauf

Wenn Sie Freude an bewegtem Wasser haben, können Sie, da Sie vielleicht ohnehin schon eine Pumpe angeschafft und installiert haben, einen kleinen Springbrunnen oder einen Bachlauf mit anschließen. Bei einem Springbrunnen brauchen Sie nur ans Ende der Auswurfleitung eine aufrechte Düse installieren, durch die das Wasser dann in den

Achten Sie beim Kauf einer Pumpe auf die Sicherheitszeichen GS, VDE und TÜV, und überlassen Sie die Elektroinstallation einem Fachmann.

In einem kleinen Wasserfall stürzt das Wasser über felsiges Gestein. Es reichert sich so auf natürliche Weise mit Sauerstoff an.

Bedenken Sie, dass alle Schwimmblattpflanzen (z. B. Seerosen, Teichrosen usw.) eine ständige starke Wasserbewegung nicht vertragen. Deshalb sollten Sie den Ansaugstutzen der Pumpe sowie den Springbrunnen oder die Mündung des Baches so installieren, dass diese Pflanzen von der Bewegung des Wassers möglichst wenig betroffen sind.

Ein kleiner künstlich angelegter Bachlauf findet in jedem Garten Platz. Auch das Regenwasser vom Dach fließt auf diesem Weg in den Teich.

Teich gesprüht wird. Bei einem Bachlauf – und das gilt auch für die Filterung durch ein Sumpfbeet – hängt die Pumpenleistung vom Höhenunterschied zwischen Ansaugkorb und Quelle sowie von der Wassermenge ab, die Sie befördern wollen. Ein gemächlich plätscherndes Rinnsal benötigt also eine geringere Pumpenleistung als ein tosender Wasserfall.

Bewegtes Wasser reichert sich mit Sauerstoff an. Es gibt auch bestimmte steinerne Schalen (Virbela-Flowforms von Dreiseitl), die stufenförmig nacheinander angeordnet werden und bei denen das Wasser jeweils kleine Wirbel bildet, bevor es in die nächste Schale und schließlich in den Teich fließt. Auf diese Weise soll das Wasser auch energetisch aufgeladen werden.

Aus einem Findling sprudelt das Wasser in den Teich. Es reichert sich auf diesem Weg mit Sauerstoff an.

Bewegtes Wasser – Springbrunnen oder Bachlauf

Das erste Bad

Sicher können Sie es gar nicht erwarten, das erste Mal ins erfrischende Nass des eigenen Teiches zu springen. Doch Geduld! Ein allzu stürmischer Badebetrieb gleich nach der Fertigstellung würde das Anwachsen der Wasserpflanzen stören. Auch das biologische Gleichgewicht hat sich dann noch nicht eingespielt, Algen trüben vielleicht noch den Teich, dessen Farbe und Klarheit sich von Tag zu Tag ändern kann.

Daher ist es günstig, wenn Sie den Teich so früh im Jahr wie möglich anlegen. Beginnen Sie also mit dem Aushub, sobald der erste Frost vorüber ist, so dass Sie Anfang Mai schon die Pflanzen einsetzen können. Um diese Zeit ist ohnehin noch keine Badesaison, so dass die Wasserpflanzen mit ihren Wurzeln Fuß fassen können und sich das Leben im Badeteich entwickeln kann.

Achten Sie also darauf, wie sich die Pflanzen entwickeln. Treiben sie reichlich Blätter und Blüten, so können Sie davon ausgehen, dass sich auch ihr Wurzelwerk kräftig entwickelt hat. Auch die Unterwasserpflanzen sollten sich allmählich teppichartig ausbreiten. Entwickeln sich die Krebsscheren und treibt der Froschbiss seine Ausläuferfäden? Wenn Sie alle diese Punkte mit »ja« beantworten können, hat die Entwicklung in Ihrem Badebiotop ihren Lauf genommen. Sicher umschwirren bereits die ersten Libellen die noch zarten Halme der Rohrkolben, und im flachen Uferwasser zeigen sich schon die winzigen Flohkrebse und Ruderwanzen.

Wie sieht es mit den Algen aus? Haben sie sich ebenso kräftig entwickelt wie die Wasserpflanzen? Das ist bei einem jungen Teich sicher kein schlechtes Zeichen. Schließlich nehmen sie ja die Nährstoffüberschüsse auf. Fischen Sie Fadenalgen und ganze Algenwatten sofort und gründlich heraus. So entziehen Sie dem Wasser mit den Algen schon einiges an Nährstoffen und beschleunigen den Prozess der Wasserklärung. Schwebalgen, die sich als grünlichbraune Wassertrübung bemerkbar machen, nehmen Sie gelassen hin, bis sie von selbst verschwinden.

Aber sicher brennt Ihnen die Frage unter den Nägeln: Wann darf ich denn zum ersten Mal ins Wasser? Wenn Sie den Teich Anfang Mai bepflanzt und bis zum Rand mit Wasser gefüllt haben, so hatte er bis Ende Juni / Anfang Juli, wenn die Badesaison beginnt, mit sechs bis sieben Wochen genügend Zeit für die Anfangsentwicklung. Wurde der Schwimmteich erst im Sommer fertig, so müssen Sie den Pflanzen mindestens zwei Wochen Zeit zum Anwachsen lassen. Danach dürfen Sie endlich ein erstes Bad wagen.

◁ Beobachten Sie, wie die Pflanzen am Rand durch Ihre Schwimmbewegung berührt werden, ob sie sich aus dem Boden lösen oder doch schon fest stehen und kräftig eingewachsen sind. Wenn dieser erste Test gut verläuft, dann können Sie die Badesaison eröffnen!

Beispielhafte Schwimmteiche

Seit der Anlage der ersten Schwimmteiche in Österreich und Deutschland wurden verschiedene Variationen, Bauweisen und Systeme entwickelt. Die Unterscheidungsmerkmale liegen häufig im Übergang vom Schwimmbereich zur Vegetationszone sowie in einem unterschiedlich ausgeprägten Einsatz von Pumpen, Umwälz- und Filtertechnik. Die folgenden Beispiele sollen die Unterschiede deutlich machen und Möglichkeiten und Grenzen der Schwimmteiche aufzeigen.

Vom Swimmingpool zum Badeteich

Deutschlands erster Schwimmteich ist auf dem Gelände von re-natur, einer Firma im holsteinischen Ruhwinkel zu besichtigen: 1984 wurden die Betonwände eines 6 x 14 m großen und 1,20 m tiefen Swimmingpools mit dem Bagger um 40 cm ihrer Höhe abgebrochen. Anschließend hob man das Erdreich rundherum in gleicher Tiefe aus: an einer Seite um 5 m Breite, an den anderen Seiten um 1 m Breite. Durch diese insgesamt erweiterte Grube wurden ein Vlies und eine 1 mm dicke, vorher zusammengeschweißte PVC-Folie gelegt, in die Randzonen Wasserpflanzen gesetzt und zum Einstieg ein Steg gebaut, dessen Pfosten in betongefüllten Mörteltrögen verankert sind. Filter und Umwälzanlagen wurden nicht eingesetzt.

Das Wasser ist bis heute algenfrei und glasklar (siehe auch das Bild Seite 6). Dennoch warnt der Besitzer und Firmenchef von re-natur, Paul Schwedtke, vor falschen Schlüssen: Der Schwimmteich wurde nur wenig zum Baden genutzt. Nachteilig wirkt sich eine Lärche aus, die unmittelbar neben dem Schwimmteich steht und deren Nadeln regelmäßig jeden Herbst ins Wasser fallen. Diese feinen Nadeln kann man kaum mit einem Netz auffangen.

◁ Der erste Schwimmteich Deutschlands, 1984 im holsteinischen Ruhwinkel von der Firma re-natur angelegt, ist noch heute zu besichtigen.

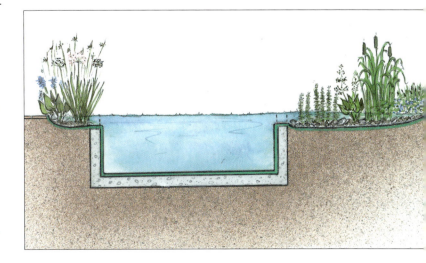

Die Betonwände des ursprünglichen Beckens wurden um 40 cm abgebrochen und die Grube an den Seiten erweitert. Die ganze Mulde wurde mit einer Folie abgedichtet und die Randbereiche mit Wasserpflanzen bepflanzt.

① Die Betonwände des ehemaligen Swimmingpools werden teilweise abgebrochen.

② Anschließend bedeckt ein Schutzvlies die erweiterte Teichmulde.

③ Eine Folie wird durch das erweiterte Becken verlegt. Das in den Schimmbereich eingelassene Wasser ermöglicht es, die Folie an den Rändern strammzuziehen.

④ Der fertige Schwimmteich läßt von dem früheren Schwimmbecken kaum noch etwas erkennen.

Würde der Schwimmteich im Sommer regelmäßig genutzt, so würden auch die Mikroorganismen tätig werden und die Nährstoffe aus dem Bodenmulm, der sich im Laufe der Jahre angesammelt hat, freisetzen. Die Folge wären Sauerstoffmangel aufgrund der verstärkten Tätigkeit aerober Bakterien, Algenwuchs durch die freigesetzten Nährstoffe und in letzter Konsequenz das Umkippen des Teichs. Um diesen Schwimmteich wieder stärker zum Baden nutzen zu können, müsste – bei dem regelmäßigen Nadelfall der Lärche – der Bodenmulm im Schwimmbereiche regelmäßig mit einem Schlammsauger gereinigt und eventuell eine Umwälzanlage mit einem Oberflächenskimmer eingebaut werden.

Nach seinen Erfahrungen im Schimmteichbau rät Paul Schwedtke von Teichen, die kleiner als 100 m² sind, ab. Auch die Tiefe sollte seiner Ansicht nach mindestens 2 m betragen, so dass man beim Schwimmen den Bodenmulm nicht aufwühlt. Eine Umwälzanlage mit eventueller Filtertechnik hält er nur bei kleineren Schwimmteichen für erforderlich.

Planung und Ausführung:
re-natur GmbH,
Charles Ross-Weg 24,
D-24601 Ruhwinkel,
Tel.: (04323) 90 10 – 0
Fax: (04323) 90 10 – 33
Internet: www.re-natur.de

①

②

③

④

Ökologisches Familienbad Lindenthal

Anstelle eines betonierten Freibades entschied sich die Gemeinde Lindenthal bei Leipzig für ein naturnahes Schwimmbad von insgesamt 4340 m² Wasserfläche. Davon sind 2985 m² reine Badezone, aufgeteilt in ein Schwimmbecken mit einer größten Tiefe von 3,45 m, einem Nichtschwimmerbereich mit maximal 1,40 m, einer Kleinkinderzone von 0,70 m und einem Babybereich von 0,40 m Tiefe.

Weitläufige Liegewiesen, zum Teil mit einem Bestand schattenspendender alter Bäume umgeben diesen großen Badeteich. Außerdem gibt es ein Restaurant, eine Sauna, Umkleidekabinen, Duschen – also alles was zu einem Schwimmbad gehört.

Stege und Brücken aus Lärchenholz mit einer Fläche von insgesamt 450 m² grenzen den Schwimmbereich zum Nichtschwimmerteil sowie zum Regenerationsbereich ab, in dem die Wasserpflanzen angesiedelt sind. Im Flachwasserbereich besteht die Abgrenzung zum Wasserpflanzenbereich aus schwimmenden Holzstangen. Ein Lärchenholzzaun grenzt den Babybereich zum Nichtschwimmerteil ab. Die unterschiedli-

Ein Zaun aus Lärchenholz trennt den Babybereich von tieferen Wasserzonen des Schwimmteiches ab.

◁ Holzstege führen über den Teich und zu den verschiedenen Tiefenzonen.

chen Tiefenzonen und Übergänge vom Nichtschwimmer- zum Schwimmerbereich sowie zu den Vegetationszonen sind durch mit Kies gefüllte Teichsäcke abgestützt.

Ins Schwimmbecken können die Badegäste vom Ufer aus sowie aus dem Nichtschwimmerteil über Stufen gelangen, die sachte in tiefere Bereiche führen.

Im Babyteil sowie im Nichtschwimmerbereich sorgen Sprudelanlagen für etwas Frische im Wasser. Eine mit Solarenergie betriebene Pumpe (3 000 Liter /Std. Leistung) füllt Wasser aus einem Brunnen nach. Außer den Regenerationszonen am Rand reinigt eine Binsenkläranlage am Rand des Schwimmbadgeländes das Wasser. Durch eine Überlaufrinne am Rand wird es von der Oberfläche aufgenommen und zwei Schächten von 1,35 m Tiefe zugeführt. Zwei in jeweils 1 m tiefen Schächten installierte Kreiselpumpe mit einer Leistung von 3 500 Watt

❶ Schwimmbecken: 3,45 m tief,
❷ Nichtschwimmer-Badebereich: 1,40 m tief,
❸ Kinderbecken: 0,70 m tief,
❹ Babybereich: 0,40 m tief,
❺ Pflanzenbereiche
❻ Sprudel
❼ Bachlauf
❽ Binsenklärung
❾ Laufsteg
❿ Liegeplattform
⓫ Wasserrutsche
⓬ Mauer
⓭ Lauter Liegebereich
⓮ Mutter-Kind-Bereich
⓯ Ruhiger Liegebereich

befördern das Wasser zur Binsenkläranlage am Rand der Liegewiese. Das geklärte, frische Wasser rieselt von dort durch einen Bach zurück und mündet im Babybereich in den Badeteich. Abgedichtet wurde der Schwimmteich mit PVC/DLV-Folie von 1,5 mm Dicke (mit Gewebe) und an Ort und Stelle genau passend verschweißt. Als Unterbau wurde eine 15 cm dicke Sandschicht aufgetragen und ein Vlies unterlegt. Gefüllt wurde das Becken mit 10 000 m^3 Leitungs-Stadt- und Brunnenwasser, letzteres von schlechter Qualität, die sich aber innerhalb von zwei Monaten wesentlich bessert.

Zwei Monate nach der Fertigstellung konnte dieses Naturschwimmbad eröffnet und in Betrieb genommen werden. Im Herbst werden innerhalb von 10 Tagen von zwei Personen welke Pflanzenteile entfernt und Laubschutznetze gespannt. Im Frühjahr wird in der gleichen Zeit restliches Laub und Schlamm aus dem Teich abgesaugt. Sonstige Pflegearbeiten: maximal 1 Tag pro Woche.

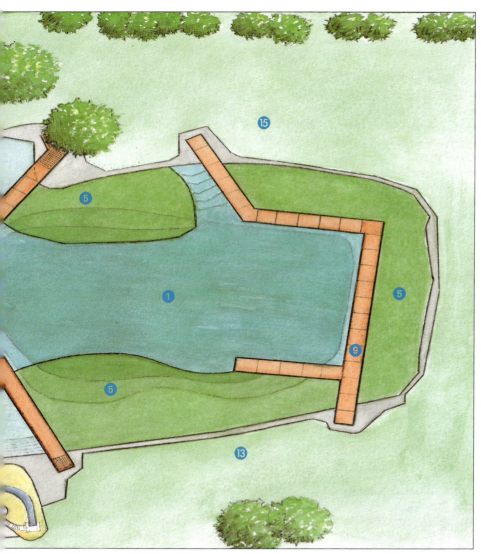

Kosten:
Außer bereits vorgenommener Baggerung ca. 957 000,- DM

Planung und Ausführung:
Wassergärten
R. Weixler KEG
Aichbergstraße 4
A-4600 Wels
Tel.: (07242) 66692
Fax: (07242) 666924
e-mail: wassergaerten@eunet.at

Großer Schwimmteich mit Holzabgrenzung

Dieser 1996 angelegte Schwimmteich mit einer Fläche von 490 m², einer Tiefe im Schwimmbereich von 4 m und einem großen Nichtschwimmbereich wurde mit einer PVC-Folie von 1,5 mm Stärke abgedichtet. Die Böschung am Übergang von der Vegetationszone in den Schwimmbereich hat eine Neigung von etwa 30°, die Kante am Böschungskopf musste wegen der Holzauflage völlig eben ausgebildet werden. Diese Kante liegt etwa 150 cm unter dem Wasserspiegel. Auf dieser Kante wurden die Rundhölzer mit einem Durchmesser von 18 cm aufgeschichtet. Sie sind an zwei gegenüberliegenden Seiten abgeflacht, so dass sie sich gut aufeinanderschichten lassen.

Die abgeflachten Rundhölzer wurden als Abgrenzung zur Vegetationszone auf die Folie gesetzt und miteinander verbunden. Voraussetzung für diese Lösung ist ein festes Bodengefüge, das am Übergang zum Schwimmbereich nicht einbricht.

Mit zunehmendem Wachstum verwischen die Seerosen mit ihren Schwimmblättern die Grenzen zwischen Vegetationszone und Badebereich.

Die Folie wurde an dieser Stelle zunächst mit einem Vlies, dann noch einmal mit einer weiteren Folie abgedeckt. Als Unterlage für die Hölzer wurde eine dünne Schicht Mörtel aufgetragen, die die Unebenheiten ausgleicht. Anschließend wurden fünf Rundhölzer, jeweils um einen Zentimeter in Richtung Ufer versetzt aufgeschichtet und mit Kunststoffseilen befestigt. Zur weiteren Stabilität dieser Abstützung trägt eine hinter den Rundhölzern eingebrachte Betonwange bei. In den noch feuchten Beton wurden Kieselsteine eingedrückt.

Befüllt wurde dieser Schwimmteich mit Brunnenwasser, dessen anfängliche Härte von 25° dH durch die Unterwasserpflanzen *(wie Potamogeton)* auf 11–12° LdH gesenkt werden konnte. Ein Oberflächenskimmer, in Windrichtung am Rand installiert, nimmt die Schwebstoffe mit einem Teil des Oberflächenwassers auf. Durch zwei Pumpen mit einer Förderung von je 30 000 Litern/Std. wird das Wasser über einen künstlich angelegten Wasserfall wieder in den Teich befördert. Diese Umwälzanlage ist jedoch nicht ständig in Betrieb.

Kosten:
Folie und Vlies:
ca. 16 000 DM
insgesamt
ca. 60 000 DM

Planung und Ausführung:
Wassergärten –
R. Weixler KEG
Aichbergstraße 48
A-4600 Wels
Tel.: (07242) 66672
Fax: (07242) 666924
e-mail: wassergaerten@eunet.at

Schwimmteich mit eingebautem Holzbecken

Bei diesem 170 m² großen Teich ist der Schwimmbereich durch ein in der Mitte errichtetes Holzbecken abgetrennt. Das Schimmbecken ist 64 m² groß und 2,2 m tief, der 110 m² Vegatationsbereich am Übergang zum Becken 1 m tief.

Bei diesem Schwimmteich wurde das Becken vom Boden des Schwimmbereichs mit Lärchenbrettern abgetrennt. Die PVC-Folie ist 1,5 mm dick. Das Holzbecken liegt mit seiner Oberkante etwa 50 cm unter dem Wasserspiegel.

▷ In der mit Folie ausgelegten Teichfolie wird eine Trennwand aus 50 mm dicken Lärchenholzbohlen errichtet.

▽ Der Rand des Holzbeckens kann auch als Sitzfläche genutzt werden.

Auch diese Holzkonstruktion ist mit einem Schutzvlies unterlegt und musste mit größter Rücksicht auf die Folie eingebaut werden. Nach hinten werden die Holzwände durch mehrere, schräg angebrachte Doppelstreben abgestützt, die auf einem Querholz am Teichboden ruhen. Durch eine Kiesschüttung wird die ganze Holzkonstrukton beschwert. Der Vorteil dieser Holzbegrenzung besteht darin, dass sie schön aussieht und die Folie bis auf den Boden ganz bedeckt. Allerdings ist diese Bauweise sehr aufwändig und teuer.
Der Einstieg in den Schwimmbereich erfolgt durch modellierte Stufen in der Vegetationszone sowie durch eine Leiter, die von einer Holzplattform ausgeht.

Die Trennwand aus Lärchenholzbrettern überragt den inneren Rand der Vegetationszone. Sie wurde auf der Folienabdichtung errichtet.

Kosten:
Folie, Vlies: 9 000 DM
Lärchenholz: 2 800 DM
Wasserpflanzen: 300 DM
Arbeitszeit: 50 000 DM
ohne MwSt.

Planung und Ausführung:
Wassergärten –
R. Weixler KEG
Aicherbergstraße 48
A-4600 Wels
Tel:. (07242) 66692
Fax: (07292) 66624
e-mail: wassergaerten@eunet.at

Schwimmteich in Hanglage

Oben: In Hanglange müssen die Geländehöhen am Teichrand besonders sorgfältig überprüft werden.

Unten: Die ersten Teichsäcke werden auf der Folie am Rand der Vegetationszone ausgelegt.

Dieser Badeteich mit einer Fläche von 200 m² ist im Schwimmbereich 2,8 m, an der tiefsten Stelle der Vegetationszone 1,1 m tief. Das Profil der Teichmulde wurde naturnah ausgebildet, das heißt: Auch der Übergang in den Schwimmbereich erfolgt nicht senkrecht, sondern er ist abgeböscht. Besonders wichtig war hier ein ebenes Podest für die Auflage der Teichsäcke. In der Hanglage war eine sehr sorgfältige Höhennivellierung erforderlich. Da der Boden sandig-lehmig und frei von Steinen war, konnte bei diesem Teich auf das Sandbett verzichtet werden. Die Mulde wurde mit einer Lage Vlies ausgelegt, deren Bahnen sich an den Rändern um ca. 10 cm überlappen. Die 2 m breiten und 1,5 mm dicken Bahnen der PVC-Folie wurden heiß an Ort und Stelle verschweißt.

Bei den Teichsäcken handelt es sich um ein aus unverrottbarem Material hergestelltes Netzgewebe. Die Teichsäcke sind mit rundem, gewaschenem Kies, Korngröße 0/16, gefüllt, wobei ein Sack etwa 25 kg wiegt. Durch das Verschnüren der Säcke entsteht eine Lasche. Die erste Lage der Säcke wird nun so auf das verbereitete Podest am Übergang von der Vegetationszone zum Schwimmteich gelegt, dass die Lasche in Richtung Ufer zeigt. Die Säcke der zweiten Lage werden in genau umgekehrter Richtung gelagert, usw.

Der Einstieg in diesen Schwimmteich erfolgt über einen Steg und außerdem über Stufen im Seichtwasserbereich, die ebenfalls mit Teichsäcken modelliert wurden.

1998 wurde der Teich mit Leitungswasser gefüllt. Auf eine Umwälz- und Filteranlage wurde verzichtet.

Kosten:
Mit Eigenleistung: ca. 35 000 DM,
ohne Eigenleistung: ca. 48 000 DM

△ Dieser noch junge Teich ist gut in den Hang eingebettet.

◁ Die Bauweise mit Teichsäcken ermöglicht auch eine unregelmäßige und damit natürlich aussehende Abgrenzung des Schwimmbereiches.

Planung und Ausführung:

Wassergärten –
R. Weixler KEG
Aicherbergstraße 48
A-4600 Wels
Tel.: (07242) 66692
Fax: (07292) 66724
e-mail: wassergaerten@eunet.at

Badeteich mit Holzdeck und seichtem Einstieg für Kinder

Zwei Einstiegsmöglichkeiten an verschiedenen Stellen bietet dieser Schwimmteich: Links können Kinder im flachen Wasser spielen und allmählich ins tiefere Wasser waten, rechts ist ein Kopfsprung vom Holzdeck oder Steg möglich.

Dieser Schimmteich mit einer Gesamtfläche von 250 m² wurde wie der vorige mit einer 1,5 mm dicken PVC-Folie mit Gewebe abgedichtet. Auch hier wurde der Schwimmbereich von der Vegetationszone mit Teichsäcken abgedichtet. Die Tiefe des Schwimmbereichs beträgt 2,8 m, die tiefste Stelle der Vegetationszone 1,1 m. Ein Steg und ein daran anschließendes Holzdeck als Liegefläche führen bis an den Schwimmbereich heran. In einer erweiterten Randzone wurde ein abgestufter Spiel- und Einstiegsbereich für Kinder geschaffen. Die Stufen wurden ebenfalls mit Teichsäcken angelegt und mit in Mörtel gedrückten Kies modelliert. Die Regenerationszone ist besonders großzügig bemessen, so dass auf eine Umwälz- und Filteranlage verzichtet werden kann.

△ Flache Zonen am Ufer bieten Kindern Plansch- und Spielmöglichkeiten.

◁ Das Holzdeck eignet sich für Sonnenbäder und macht so manchen kühnen Sprung ins Wasser möglich.

Kosten:
Vlies und Folie:
13 000 DM,
Gesamtpreis mit Steg:
ca. 62 500 DM

Planung und Ausführung:
Wassergärten –
R. Weixler KEG
Aicherbergstraße 48
A-4600 Wels
Tel.: (07242) 66692
Fax: (07292) 66924
e-mail: wassergaerten@eunet.at

Badeteich mit Holzdeck und seichtem Einstieg für Kinder

Schwimmteich mit Skimmer und Filtersystem

Oben: In einer in den Boden versenkten Kunststoffbox ist die Pumpe installiert.

Unten links: Unauffällig unter dem Steg wird der Skimmer montiert.

Unten rechts: Der mit einem speziellen Filtergranulat gefüllte Filterschacht ist in die Regenerationszone integriert.

Dieser 176 m² Teich ist an seiner tiefsten Stelle im Schwimmbereich 2 m tief, am Rand der Schwimmzone wurde eine etwa 1 m breite Stufe mit einer Wassertiefe von 1,50 m als begehbare Fläche geschaffen. Der Vegetationsbereich ist an seiner tiefsten Stelle 1 m tief. Außerdem gibt es eine Seerosenzone sowie unterschiedliche Wasserpflanzenzonen von 60, 40 und 30 cm Tiefe. Der gesamte Teich wurde mit Kautschukfolie abgedichtet, die mit Vlies unterlegt ist. Die Abstufungen der verschiedenen Tiefenzonen wurden mit Teichsäcken abgedichtet. Ein Holzdeck aus Lärchenholzbrettern passt sich in seiner Form der Uferlinie an; von diesem Deck aus führt ein Steg mit in Mörteltrögen verankerten Ständerpfosten bis an den Schwimmbereich heran.

Unter der Stirnseite des Steges ist ein Oberflächenskimmer montiert, der die an der Oberfläche treibenden Schwebstoffe des Wassers aufnimmt. Der sogenannte Technikschacht enthält einen Elektroanschluss und eine mit 400 V und einem Nassläufermotor betriebene Pumpe (läuft wesentlich leiser als luftgekühlte Pumpen). Diese Pumpe befördert das aufgenommene Oberflächenwasser mit den Schwebstoffen über eine Druckschlauchleitung in den Filterschacht von 60 cm Tiefe, der in der Regenerationszone installiert ist. In diesem Filter befindet sich ein Wasserausströmer mit integriertem Schlammfang, durch den das Wasser in das biologisch aktive Aqua-Clear-Granulat, ein Filtermaterial aus Zeolithgestein mit Ionenaustauschvermögen, strömt. Von diesem Filter gelangt das gereinigte Wasser durch einen Quellstein wieder in den Vegetationsbereich des Schwimmteiches.

△ Filterschacht und Skimmer sind in diesem neu angelegten Teich nicht mehr zu erkennen.

Gesamtkosten:
Aushub, Modellierung, Abdichtung und Bepflanzung des Badeteichs, Holzdeck, Steg und Filteranlage: ca. 110 000 DM. Kosten für Skimmer, Pumpe, Filtereinrichtung und Material: 13 700 DM (im obigen Preis inbegriffen).

Planung und Ausführung:
Schawohl Badeteiche
Lochberg 6 – 8
D-83135 Schechen
Tel.: (08031) 599602
Fax: (08031) 59903

Schwimmteich mit Skimmer und Filtersystem

Schwimmteich mit Betonschalsteinmauer

Bei diesem nur 65 m² großen und im Schwimmbereich 1,80 m tiefen Schwimmteich wurde das Schwimmbecken durch eine Mauer aus Betonschalsteinen vom Vegetationsbereich getrennt. Die Mauer überragt die tiefste Stelle der Vegetationszone um etwa 20 cm. Ihre Oberkante liegt etwa 30 cm unter dem Wasserspiegel.

Ein am Teichrand eingebauter Skimmer und eine in einem eigenen Schacht außerhalb des Teiches installierte Umwälzpumpe mit Niederspannung sorgen für eine Reinigung des Wassers von Laub und ähnlichen groben Schutzteilen. Die Netzstromspannung von 220 V wird durch einen Transformator auf die Niederspannung der Pumpe herabgesetzt. Über einen Quellstein plätschert das gereinigte Wasser wieder in den Teich zurück.

Dieser Schwimmteich ist sowohl ans Haus als auch an die Umgebung des Gartens gut angebunden. Einem rechteckigen Schwimmbereich in der Mitte ist eine ausladende Vegetationszone mit natürlich geschwungenen Uferlinien angegliedert.

Kosten:
Planung, Aushubarbeit, Mauer, Feinplanie, Teichschutzvlies, Teichfolie 1,2 mm, Teichsubstrat, Rollschotter 16/32, Sumpf- und Wasserpflanzen, Umwälzpumpe mit Pumpenschacht und Skimmer, Holzsteg, Quellstein 80 cm: ca. 25 000 DM

Die Mauer aus Beton-Schalsteinen grenzt den Schwimmbereich von der Vegetationszone ab (oben links). Ihre Kontur ist noch beim jungen Teich zu erkennen (oben rechts).

◁ Ein Steg liegt mit einer Kante auf der Mauer auf. Auf ihm gelangen die Badegäste vom Haus direkt in den Schwimmbereich.

Planung und Ausführung:
Fa. K. & K Moser
Grestnerstraße 9
A-3250 Wieselburg NÖ
Tel.: (07416) 54337

Schwimmteich mit Betonschalsteinmauer

Ein Schwimm-bad-Biotop

Schon fast wie ein Swimmingpool mutet das System des österreichischen Ingenieurs Ulrich Kub an. Der gesamte Teich ist mit einer PE-Folie abgedichtet. Das Schwimmbecken im Inneren des Teiches ist von der Vegetationszone durch Fertigelemente aus Polyäthylen getrennt. Diese Elemente sind jedoch durchlässig, das heißt, sie haben Öffnungen, durch die das Wasser auch in den Kies der benachbarten Vegetationszone strömen kann (siehe Bild unten). Die Vegetationszone ist 1,50 m tief und 2 m breit mit einer Kiesschicht ausgefüllt.

Durch die Pflanzen wird das Wasser in der Vegetationszone bereits vorgeklärt. Es dringt von unten in den Schimmbereich ein, während das Wasser an der Oberfläche mit eventuellen Schmutzpartikeln in die Vegetationszone überläuft. Darüber hinaus wird das Wasser von einer außerhalb des Teiches in einem Schacht installierten Pumpe aus dem Kieskörper abgesaugt und in eine rund um den Teich installierte Ringleitung mit Einströmdüsen befördert. Außerdem wird es durch die gleiche Pumpe zu einem Quellstein geleitet, aus dem es dann in den Teich plätschert. Auf diese Weise strömt das Wasser wie bei einem natürlichen See mit Zu- und Ablauf in Längsrichtung durch den Teich, hin zum Oberflächenskimmer, der es aufnimmt, Laub und andere Verunreinigungen der Oberfläche abscheidet und über den das Wasser dann wieder in den Kies der Randzone geleitet wird. Durch Kugelhahnventile können der Weg des Wassers sowie die Intensität der Umwälzung gesteuert werden.

Die Kunststoffelemente zur Abgrenzung von Schwimmbereich und Vegetationszone sind durchlässig. Sie ermöglichen eine Wasserumwälzung durch das Substrat der Vegetationszone.

△ Wie ein Swimmingpool im Teich mutet dieser Schwimmteich an.

◁ Sogenannte Virbela-Flowforms sorgen für ein sauerstoffreiches und energetisch aufgeladenes Teichwasser.

Vertrieb und Beratung:
Ing. Ulrich O. Kub
Kallhamerdorf 12
A-4720 Kallham
Tel.: (07733) 7850
Fax: (07733) 7864

Ein Schwimmbad-Biotop | 119

Ein Badeteich, ganz mit Regenwasser gefüllt

In der Wildpflanzen- und Kräutergärtnerei Syringa wird über die Gewächshäuser viel Regenwasser aufgefangen. Mit diesem Wasser füllte der Inhaber Bernd Dittrich seinen Schwimmteich. Zunächst gelangt das aufgefangene Regenwasser in eine Zisterne, wo ein großer Teil zum Gießen verwendet wird. Der Überlauf der Zisterne mündet in den Schwimmteich, und dort gibt es einen Überlauf, der überschüssiges Wasser in einen Bach leitet.

Da das Regenwasser kalkfrei ist und kaum Nährstoffe enthält, gibt es auch keinerlei Algenprobleme. Nährstoffe, die durch in den Teich fallende Blätter und andere Pflanzenreste eingebracht werden, nehmen die Wasserpflanzen der 2 m breiten und 40 cm tiefen Vegetationszone auf. Eine Pumpen- und Filtertechnik ist in diesem Schwimmteich überflüssig.

Der gesamte Teich wurde durch eine 1,2 mm dicke Polyäthylenfolie abgedichtet. Der sechseckige 1,4 m tiefe Schwimmbereich ist durch Lärchenbalken von der Vegetationszone getrennt.

Über die Gewächshäuser der Gärtnerei kam genügend Wasser zusammen, um diesen Schwimmteich zu füllen.

Balken aus Lärchenholz, im Wechsel angeordnet, bilden hier eine sechseckige Abgrenzung des Schwimmbereiches. Sie ist harmonisch der naturnah gestalteten Uferzone angepasst.

Planung und Ausführung:
Syringa-Samen
Bernd Dittrich
Postfach 1147
D-78245 Hilzingen
Tel.: (07739) 1452
Fax: (07739) 677

Ein Badeteich, ganz mit Regenwasser gefüllt

Tauchbecken in der Senkgrube

Rund um die ehemalige Senkgrube wurde ein naturnaher Teich mit unterschiedlichen Wassertiefen gestaltet. Ein Steg mit einer Leiter ermöglicht einen leichten Einstieg.

Eine nicht mehr benötigte Senkgrube (Klärgrube) von 1,70 m Tiefe bot sich zur Umgestaltung mit Wasser an. Um die vorhandenen Beckenwände wurde das Gelände ein wenig angeschüttet. Das Becken und die erweiterte Teichmulde wurden mit Vlies abgedeckt und mit Folie ausgekleidet, so dass die Oberkante unter Wasser liegt. Dieser Teich ist um das Doppelte größer als die Grube. Als Sitzbank wurden auf den Kopf der Senkgrubenmauer Lärchenholzbretter montiert. Ein ebenfalls aus Lärchenholz gefertigter Steg mit einer Leiter führt in dieses Tauchbecken hinein, das gern nach dem Saunabad im benachbarten Gartenhäuschen genutzt wird. Der große Vegetationsbereich ist in verschiedenen Wassertiefen von 0 bis 80 cm gestaltet, so dass Wasserpflanzen aller Tiefenzonen, von der Seerose bis zur Sumpfdotterblume, darin Platz finden. Eine außerhalb des Teiches installierte 24-V-Pumpe sorgt nach Bedarf für etwas Wasserbewegung, um den Teich mit Sauerstoff anzureichern.

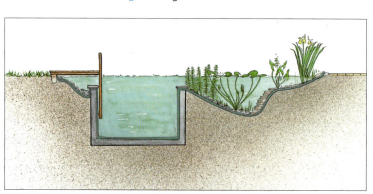

Das Tauchbecken ist ▷ mit einer Umrandung aus Lärchenholz versehen, die als Sitzfläche im Wasser dient. Auf Schrittsteinen kann man den Wasserpflanzenteich durchqueren.

Kostenkalkulation zum Feuchtbiotop mit Tauchbecken:

Baggerarbeiten incl. Materialabtransport	900 DM
71 m² Teichabdichtungsbahn (1 mm mit Gewebeeinlage)	1 900 DM
71 m² Polypropylenvlies	250 DM
Folienwinkelbleche	120 DM
Mauermaterial für Tauchbecken	900 DM
Beckenumrandung und Steg aus Lärchenholz	1 400 DM
Einstiegsleiter aus Lärchenholz	550 DM
Pumpe (24 V), Schläuche, Montagematerial	1 500 DM
Bekiesung	400 DM
Grobsteine und Findlinge	600 DM
Bepflanzung	900 DM
Arbeitsaufwand 70 Stunden	5 500 DM
Gesamtaufwand	ca. 15 000 DM

In einer ehemaligen Senkgrube wurde dieses Tauchbecken zur sommerlichen Erfrischung und zur Abkühlung nach der Sauna angelegt. Der große Vegetationsbereich sorgt für eine optimale Wasserklärung.

Planung und Ausführung:
Leben mit der Natur OEG
Rodlbergstr. 42
A-4600 Thalheim b. Wels
Tel.: (07242) 62220
Fax: (07242) 42072

Tauchbecken in der Senkgrube

Badeteich mit Abgrenzung aus Recyling-Kunststoff

① Die Abgrenzungselemente aus Recycling-Kunststoff lassen sich in beliebiger Form aneinander fügen.
② Mit Stahlstäben werden die Bauteile der Trennwand verbunden. Die von außen aufgeschüttete Erde stabilisiert die Trennwand.
③ Auf stabilem Untergrund ruht die Trennwand auf der Kante zwischen Vegetationszone und Schwimmbereich.
④ Die fertige Trennwand wird anschließend mit der Teichfolie abgedeckt und ist dann nicht mehr zu sehen.

Bei diesem Schwimmteich mit einer Größe von 120 m², 2 m Tiefe im Schwimmbereich und einer 50 cm tiefen Vegetationszone wurden zur Abgrenzung von Schwimmbereich und der 70 m² großen Vegetationszone spezielle Elemente aus Recycling-Polyäthylen verwendet. Diese Elemente lassen sich aufgrund ihres geringen Gewichtes leicht einbauen, was auch die Kosten erheblich senken kann.

Die Seiten der Elemente sind verzahnt und mit Ösen versehen, durch die sie mit einer Stahlstange miteinander verbunden werden. Die Fugen zwischen den einzelnen Teilen schäumt man anschließend mit einem Dichtungsmittel aus. Die mit einem Vlies unterlegte, 1,2 mm dicke, gewebeverstärkte Polyolefin-Folie wird durch die ganze Mulde über die Elemente verlegt. Sie wird faltenfrei von der ausführenden Firma an Ort und Stelle verschweißt. Auf die mit Folie überdeckte Trennwand kommt eine Abdeckung aus Lärchenholz, auf der man entlangbalancieren oder sitzen kann.
Im Schwimmteich wurde auf eine Umwälz- und Filteranlage mit Pumpe verzichtet. Wenn eine Pumpe bei

①

②

③

④

diesem Swimming-Teich-System installiert wird, so bringt man sie in einem außen gelegenen Schacht unter, der ebenfalls aus den Recyclingkunststoff-Elementen gefertigt wurde. Bei diesem Teich ist die Algenbildung auch nach drei Jahren noch gering geblieben.

Kosten:
Aushub und Abfuhr des Bodens, Planieren der Böschungen, Winkelelemente aus Recylingkunststoff auf Betonfundamenten installieren, hinterfüllen und mit Lärchenholzabdeckung versehen, Materialkosten, Feinplanie und Folienabdichtung inklusive Folie, Schutzvlies und Sand; Gestaltung der Regenerationszone, Randdränage und Sickergrube inklusive Materialien und Wasserpflanzen; Holzsteg aus Lärchenholz mit Montage, Lärchenholztreppe mit Montage. Gesamtkosten: ca. 52 000 DM.

△ Der fertige Schwimmteich. Die Holzabdeckung dient auch als Sitzgelegenheit.

◁ Querschnitt durch den Randbereich mit der Kapillarsperre am Teichrand, der Vegetationszone sowie Trennwand, Lärchenholzabdeckung und Schwimmbereich.

Planung und Ausführung:
Wiedeburg
Gärten & Wasser
Leidingerplatz 5
D-80992 München
Tel.: (089)1496449
Fax: (089)1495681

Badeteich mit Abgrenzung aus Recyling-Kunststoff

Schwimmteiche rund ums Jahr

Bedenken Sie bitte: Zum Baden nutzen Sie Ihren Schwimmteich meistens nur etwa ein gutes Vierteljahr lang. In den übrigen Monaten ist er sich selbst und den darin lebenden Pflanzen und Tieren überlassen. Und das ist gut so. Auf diese Weise hat dieses Biotop Zeit, sich vom menschlichen Badebetrieb zu erholen und zu regenerieren.

Frühjahr

Das Eis ist geschmolzen, und die ersten Sonnenstrahlen durchfluten das klare Wasser. Der Teich ist randvoll gefüllt. Die ersten Wasserläufer flitzen über den blanken Wasserspiegel, und wenn Sie in das sonnendurchflutete Wasser schauen, entdecken Sie ganze Schwärme von Wasserflöhen, die man korrekterweise Flohkrebse nennt, den einen oder anderen geheimnisvollen Käfer, vielleicht einen Rückenschwimmer, eine Libellenlarve oder einen Taumelkäfer. Eines Morgens finden Sie vielleicht mehrere dicke Laichklumpen im flachen Wasser oder kunstvoll ineinander verschlungene Laichschnüre. Meistens sehen Sie gar nicht, wer sie dort abgelegt hat. Grasfrösche und Erdkröten sind die ersten Besucher am Teich. Manchmal sind die Tiere schon wieder verschwunden, wenn Sie ihren Laich entdecken, manchmal können Sie die sich paarenden Kröten oder Frösche noch im Teich beobachten. Als kleine Punkte sind die Embryos zu erkennen, die in der gallertartigen Masse heranwachsen.

Wer diesen lustigen kleinen Kerl in seinem Garten hat, kann sich glücklich schätzen. Der Laubfrosch gehört zu den vom Aussterben bedrohten Amphibien.

Im zeitigen Frühjahr laichen die Grasfrösche ab (unten links). Bis zum Sommer wachsen die Kaulquappen heran (unten), die den Teich bald als kleine Frösche verlassen.

① Eine Libellenlarve kurz vor dem Verlassen des Teiches.

② Ruderwanzen bei der Paarung.

③ Ein Bergmolchpärchen auf dem Teichgrund.

④ Eine Posthornschnecke raspelt Algen von den Blättern der Wasserpflanzen.

Nach einigen Wochen werden Sie als winzige Kaulquappen schlüpfen, mit zuckenden, wedelnden Schwänzen ihren neuen Lebensraum, das flache Teichwasser erkunden und auf Nahrungssuche gehen. Mit der Zeit verteilen sie sich im Wasser und man sieht kaum noch eine von ihnen. Ein Teil der Kaulquappen überlebt nicht, fällt dem Gelbrandkäfer oder der einen oder anderen Libellenlarve zum Opfer. Aber im Sommer hüpfen dann plötzlich überall winzig kleine Frösche und Kröten herum – gerade für Kinder ein unvergeßliches Erlebnis.

Die **Wasser- oder Teichfrösche**, die kleinen Laubfrösche, Kreuz-, Knoblauch-, Wechsel- und Geburtshelferkröten oder Unken und Molche kommen zum Ablaichen später an den Teich. Während die Wasser- und Teichfrösche recht zutraulich werden können, muss man für die winzigen **Laubfrösche** erst einen Blick entwickeln, um sie zu erkennen. Sie sitzen überall im Geäst, bevorzugt auf dornigen Sträuchern, auf Himbeer- und Brombeertrieben sowie auf Rosen. Dafür schlagen sie zur Laichzeit den größten Lärm.

Unken, besonders Rotbauchunken, sind äußerst selten anzutreffen. Ebenso können Sie es als einen seltenen Erfolg verbuchen, einmal eine andere Krötenart als die Erdkröte an Ihrem Teich zu entdecken.

Molche sind dagegen nicht so selten, die vier heimischen Arten Kammmolch, Teichmolch, Fadenmolch und Bergmolch sind jedoch schwer zu erkennen. Sie müssen schon sehr konzentriert und genau

Schwimmteiche rund ums Jahr

ins Wasser schauen, um das eine oder andere Tier zu entdecken. Alle diese unter dem Sammelbegriff **»Amphibien«** zusammengefassten Tiere sind zum einen je nach Art mehr oder weniger stark vom Aussterben gefährdet, weil viele ihrer Lebensräume zerstört wurden. Zum anderen sind sie auch am Schwimmteich äußerst nützlich, denn sie tragen zum biologischen Gleichgewicht im Wasser bei. Frösche und Kröten fangen Insekten und fressen kleine Schnecken und deren Eier.

Wer nun Angst hat, diese Tiere könnten beim Baden den Weg der Schwimmerin kreuzen, kann beruhigt werden. Erstens halten sich Amphibien fast ausschließlich im flachen, also bevorzugt im vegetationsreichen Wasser auf, das sie ja beim Schwimmteich am Rand vorfinden. Zweitens haben sie größtenteils das Wasser bereits verlassen, wenn die Badesaison beginnt. Und das ist, von wenigen Ausnahmen, bei denen man schon gegen Ende Mai ins Wasser gehen kann, einmal abgesehen, frühestens ab der letzten Juniwoche der Fall.

In den letzten Frühlingswochen ist der Badeteich besonders schön. Wasserschwertlilie und Pfeilkraut sind aufgeblüht, die ersten Seerosen öffnen ihre Knospen, die Krebsscheren tauchen nach und nach auf, und der Froschbiss beginnt allmählich, sich auf der Wasserfläche auszubreiten.

Libellen umschwirren die Rohrkolben und finden an den Halmen und Blättern von Rohrkolben und Binsen Halt, um ihr kunstvolles Paarungsrad zu bilden. Libellenlarven verlassen im Morgengrauen das Wasser, halten sich an den Blättern von Kalmus und Sumpfschwertlilie fest, und wenn Sie rechtzeitig kommen, können Sie die wunderbare Verwandlung der graubraunen Libellenlarve in einen schillernden Edelstein beobachten, der dann seine Flügel entfaltet, im Sonnenlicht trocknet und im nächsten Augenblick auf und davon ist. Derartige Erlebnisse werden Sie an einem Swimmingpool nie haben.

Eine junge Kröte, gerade dem Teich entschlüpft, ist noch zutraulich.

① Sumpfdotterblumen sind die ersten Blüher am Teichrand.

② Seerosen bringen den ganzen Sommer hindurch immer neue Blüten hervor.

③ Das Pfeilkraut richtet seine pfeilförmigen Blätter immer nach der Sonne aus.

①

②

③

Frühjahr

Azurjungfern bei der Eiablage. Sie stellen sich neben anderen Libellen bald am frisch angelegten Teich ein.

Sommer

Die Badesaison in Ihrem Teich hat begonnen. Vielleicht tauchen Sie einmal gleich vor dem Frühstück ein und schwimmen ein paar Runden. Die Hausfrau nutzt die Ruhe, wenn die Kinder in der Schule sind, für ein erfrischendes Bad. Und am Nachmittag sind die Kinder dran. Die bringen auch noch Freunde aus der Nachbarschaft mit, und abends, wenn der Vater nach Hause kommt, baden vielleicht noch einmal alle zusammen. Ein ganz schöner Betrieb im Garten, seit der Schwimmteich da ist. Welch ein Glück, dass es gelegentlich ein paar verregnete Tage gibt, an denen sich der Teich und seine Flora und Fauna vom Badebetrieb erholen können. Oder gehen Sie eisern jeden Tag, auch bei kühler Witterung, ins Wasser?

Was die Lebensgemeinschaft der Pflanzen und Tiere in Ihrem Teich betrifft, so sollten Sie ganz einfach beobachten, wie sie reagiert. Gedeihen die Pflanzen weiter? Eigentlich dürfte es da keine Probleme geben, wenn der Pflanzenbereich konsequent nicht betreten wird. Was machen Froschbiss und Krebsschere? Wie entwickeln sich die Unterwasserpflanzen?

Und wie sieht es mit den **Algen** aus? Bilden sich Fadenalgen oder regelrechte Algenwatten, so sollten Sie diese so gründlich wie möglich immer gleich herausfischen. Schwebalgen kann man nur durch Nährstoffentzug und Beschattung des Teiches beseitigen. Gewiss gibt es heute allerlei Mittel, auch auf biologischer Basis, die recht wirkungsvoll Algen beseitigen. Aber damit ist noch nicht gesagt, dass die Ursache ausgeschaltet ist. Wenn also Algen auftreten, prüfen Sie immer, ob von außen Nährstoffe ins Wasser getragen werden. Oder ob die Pflanzenreste und Schwebstoffe derart überhand genommen haben, dass Nährstoffe freigesetzt werden und ins Wasser gelangen.

Wenn Sie baden, wird das Wasser im Schwimmbereich in Bewegung gesetzt. Durch diese Bewegung wirbeln Sie zum einen den Mulm auf dem Boden des Teiches auf, zum anderen reichert sich das Wasser mit Sauerstoff an. Dieser Sauerstoff kommt wiederum den aeroben Bakterien auf dem Teichboden zugute, die sich reichlich vermehren und eifrig die Abfälle am Boden zersetzen. Auf diese Weise wird Nitrat und Phosphat ins Wasser freigesetzt, was wiederum das Algenwachstum fördert. Eigentlich ist diese Bakterienaktivität günstig für die biologische Entwicklung im Teich. Es ist nur die Frage, in welchem Ausmaß sich die Bakterien vermehren. Sie können auch derart überhand nehmen, dass sie dem Wasser mehr Sauerstoff entziehen, als es die Biologie des Teiches vertragen kann. Dann kann die Folge für das »Umkippen« des Teiches sein (siehe Seite 82 ff.), das heißt: alle Lebewesen sterben infolge von Sauerstoffmangel schlagartig ab.

Bis es soweit kommt, muss jedoch

Prüfen Sie bei Algenwuchs, ob nicht durch äußere Einflüsse ungewollt Nährstoffe in den Teich geraten.

schon vieles geschehen. Und bei guter Beobachtung können Sie dem vorbeugen. Ein paar Fadenalgen im Teich und eine vorübergehende Wassertrübung geben noch keinen Anlass zur Besorgnis. Bleibt das Wasser jedoch länger trübe oder nimmt die Wassertrübung zu, dann sollten Sie das Baden vorübergehend einstellen und für Abhilfe sorgen.

Algenwuchs wird auch durch starke **Erwärmung des Wassers** gefördert. Versuchen Sie, den Teich zu beschatten, indem Sie provisorische schattierende Paravents aufstellen. Hat sich im Schwimmbereich viel Schlamm angesammelt, so sollten Sie ihn mit einem **Schlammabsauger** absaugen. Dieses Gerät können Sie oft auch bei Firmen ausleihen, die sich auf den Bau von Schwimmteichen spezialisiert haben.

Haben sich die Unterwasserpflanzen kräftig vermehrt, haben sich Froschbiss und Krebsschere, und, falls vorhanden auch die Kleine Wasserlinse reichlich an der Wasseroberfläche ausgebreitet? Dann nur Mut! Fischen Sie davon einen großen Teil heraus. Mit diesen herausgezogenen Pflanzen entziehen Sie dem Teich ebenfalls Nährstoffe. Und die darin verbleibenden Unterwasser- und Schwimmpflanzen werden sich bei dem großen Nährstoffangebot wieder schnell vermehren.

△ Sommerliche Blüte gibt es nicht nur bei den Stauden, sondern manchmal auch bei den Algen.

◁ Öffentliche Schwimmteiche werden gern von Badegästen angenommen.

Herbst

Wer jeden Tag ins Wasser geht, wird genügend abgehärtet sein und eine lange Badesaison haben, die vielleicht bis weit in den September hinein andauert. Aber irgendwann ist es auch dem abgehärtetsten Freak zu kalt (es sei denn, er kommt gerade aus der Sauna), und Flora und Fauna haben Ihr Badegewässer wieder für sich allein.

Vorsicht ist geboten, wenn das **Herbstlaub** fällt. Sicher ist nicht jeder Schwimmteich davon gleich stark betroffen. Auch brauchen Sie nicht wegen jedes einzelnen Blättchens in Panik zu geraten. Aber wenn Sie einen oder mehrere hohe Bäume in der Nähe haben, sollten Sie Netze über den Teich spannen, um das Herbstlaub abzufangen. Da der Teich sehr groß ist, müssen Sie sich eine spezielle Konstruktion einfallen lassen. Verbinden Sie zum Beispiel kräftige Bambusstäbe mit Schlauchklemmen und legen Sie diese quer über den Teich. Darüber werden dann Netze gezogen, wie man sie zur Abwehr von Vögeln verwendet und gut am Rand befestigt. Dort, wo sich die Netze überlappen, sollten Sie noch einmal ein Brett zur Beschwerung darüberlegen.

Am besten denken Sie sich eine Konstruktion aus, die Sie Jahr für Jahr in der gleichen Weise und ausschließlich für diesen Zweck wiederverwenden können. Dies könnten auch Vierkantleisten sein, die Sie mit Flügelschrauben aneinanderfügen und mit deren Hilfe Sie je zwei aneinanderstoßende Netzstücke beispielsweise zwischen zwei Latten klemmen können. Ideal ist eine zeltartige Konstruktion, bei der das Laub nicht in den Teich durchhängen kann.

Ist das Laub gefallen, kommt es darauf an, die Netze so zu entfernen, dass keine Blätter in den Teich fallen. Am besten holen Sie den größten Teil so gut es geht mit einem Laubbesen herunter.

Ein Netz, auf Seilen gespannt, hält das Herbstlaub aus dem Wasser fern. Vor dem Wintereintritt sollte man erst das Laub, dann das Netz entfernen.

Mit in Eimern auf den Kopf der Trennmauern gestellten Pfosten und darübergelegten Latten oder Stangen lässt sich zeltartig ein Netz über den Teich decken.

Winter

Bezwingen Sie Ihren Ordnungsdrang und verzichten Sie auf den winterlichen Rückschnitt von Binsen, Rohrkolben & Co. Zumindest einige Halme oder Blätter müssen den Winter über unbedingt stehen bleiben. Wenn der Teich zufriert, bleiben rund um sie herum immer ein paar Poren offen, so dass Faulgase abziehen können und etwas Sauerstoff unter die Eisdecke dringt.

Oft taucht die Frage auf, ob man denn etwas tun müsse, **wenn der Teich zufriert**. Die Antwort lautet eindeutig: Nein! Wer hält denn die Teiche und Tümpel, die Flüsse und Seen eisfrei? Tun Sie vor allem eines nicht: Schlagen oder tauen Sie nie ein Loch ins Eis. Dadurch »wecken« Sie die Tiere, die auf dem Teich überwintern aus ihrem Winterschlaf. Die Folge: Sie werden aktiv und gehen dann infolge Sauerstoff- und Nahrungsmangel erst recht zu Grunde. Immer wieder kommt es aber vor, dass im Frühjahr, nachdem die Eisdecke getaut ist, **tote Frösche** an der Oberfläche schwimmen. Ein Phänomen, dass nicht ganz geklärt ist. Ob die Tiere unter der lange anhaltenden Eisdecke erstickt oder nur so geschwächt sind, dass Sie nicht mehr an die Oberfläche gelangen? Der Schwimmteich-Experte Richard Weixler aus Wels rät, an verschiedenen Stellen Maschendrahtgeflecht auf dem Teichboden auszulegen, an dem die geschwächten Tiere bis zum Teichrand emporklettern können. Deshalb empfiehlt es sich, noch etwas mehr für den Austausch von Sauerstoff und Faulgasen zu tun. Der Unterschied zwischen einem natürlichen Gewässer und einem künstlich angelegten Teich besteht darin, dass der künstliche Teich

Die Halme und Blätter der Rohrkolben und Binsen ermöglichen, dass Faulgase aus dem Teichboden abziehen können und Sauerstoff unter die Eisdecke gelangt. So bleiben die im Wasser überwinternden Tiere am Leben.

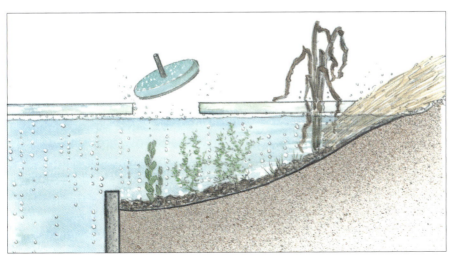

Ein Eisfreihalter aus Styropor sorgt für Abzug der Faulgase und Frischluftzufuhr. Bei sonnigem Wetter kann er für eine Stunde ganz abgenommen werden.

Herbst • Winter

Mit Schnee bedeckt, bietet ein zugefrorener Schwimmteich auch im Winter einen schönen Anblick.

durch eine Folie vom dem ihn umgebenden Erdreich abgetrennt ist. Da das Wasser bei einem natürlichen Gewässer mit dem Grundwasser verbunden ist, findet immer ein gewisser Ausgleich zwischen dem Teichwasser und dem Grundwasser statt. Friert zum Beispiel das Wasser an der Oberfläche, so erreicht das noch nicht gefrorene Wasser in der Erde, das Grundwasser, seine größte Dichte bei 4 °C, es verringert also sein Volumen. Das wirkt sich dann auch auf das Gewässer aus und führt dazu, dass unter der Eisdecke ein Hohlraum entsteht. Bei einem künstlich mit Folie abgedichteten Teich ist das unter der Eisdecke entstehende Luftpolster geringer, weil ja die Folie den Anschluss ans Erdreich und damit ans Grundwasser unterbricht.

Um einen Austausch von Gasen und frischem Sauerstoff zu erreichen, können Sie einen **Eisfreihalter** auf das Wasser legen, bevor der Teich zufriert. Ist die Eisdecke dick genug, so dass Sie sie betreten können, nehmen Sie den Eisfreihalter ab und lassen bei schönem Wetter das Loch aufgedeckt, bei Frostgefahr decken Sie es mit dem Eisfreihalter wieder zu. Eisfreihalter aus Styropor bekommen Sie heute im Fachhandel.
Eine andere Methode des Gasaustauschs besteht darin, dass Sie vom Rand her einfach ein **Strohbündel** schräg ins Wasser legen. Erscheinen Ihnen diese Maßnahmen zu wenig, können Sie das Wasser mit einer Membranpumpe belüften. Diese einfache Pumpe drückt Luft durch einen dünnen Schlauch und einen porösen Belüfterstein in das Wasser.

Sie können einen Eisfreihalter selbst herstellen. Sie brauchen nur einen mit Sand gefüllten und mit einem Deckel verschlossenen Fünf-Liter-Eimer, der an einer Stange befestigt ist. Mit dieser Stange können Sie ihn auch vom Ufer her abheben und die Öffnung wieder bedecken.

Probleme, Krankheiten und Schädlinge

Algen im Schwimmteich

Das häufigste Problem, mit dem sich Garten- und Schwimmteichbesitzer herumschlagen, sind die Algen. Dabei ist dieses Problem gar nicht so groß, wie mancher glaubt. Wie bereits an anderer Stelle erwähnt, kommen als Ursachen für Algenwuchs ein zu hoher Nährstoffgehalt mit einer gleichzeitig hohen Erwärmung des Wassers zusammen. Die Algen nehmen die Nährstoffüberschüsse des Wassers auf und erfüllen damit eine sehr wichtige Funktion. Deshalb können Sie ruhig gelassen bleiben, wenn sich das Wasser Ihres Schwimmteichs vorübergehend trübt oder wenn sich Fadenalgen an den Wänden Ihres Badebeckens festsetzen.

Solange dies alles eine vorübergehende Erscheinung ist, die nach wenigen Wochen nachlässt – kein Problem. Forschen Sie immer erst nach den Ursachen. Nährstoffe können etwa durch eingespülte Erde oder auch durch Wasser, das zugelaufen ist, in den Teich gelangen.

Wenn der Algenwuchs nicht nachlässt, kann es zur Bakterienblüte im Wasser kommen. Zu diesem Zeitpunkt sind die sauerstoffliebenden (aeroben) Bakterien infolge Sauerstoffmangel bereits abgestorben. Die sauerstoffmeidenden (anaeroben) Bakterien setzen nun Stoffe frei, die für die anderen Lebewesen giftig sind. Das Wasser wird milchig trüb.

Lassen Sie nicht immer wieder Wasser zulaufen, auch wenn der Wasserspiegel einmal etwas absinkt. Sowohl im Leitungswasser als auch im Brunnenwasser, gelegentlich sogar im Regenwasser können Nährstoffe enthalten sein, die dann auch ins Teichwasser gelangen und indirekt das Algenwachstum fördern.

Ein Test: halten Sie einen Teller etwa 10 cm tief ins Wasser. Wenn er nicht mehr zu erkennen ist, wird es höchste Zeit zur Ersten Hilfe. Am besten belüften Sie den Teich erst einmal mit einer Membranpumpe, damit die aeroben Bakterien wieder Arbeiten können. Pumpen Sie etwa ein Drittel des Wassers ab und reinigen den Boden des Schwimmbereiches mit einem Schlammabsauger. Anschließend lassen Sie frisches Wasser wieder nachlaufen, bis der Teich voll ist. Die Belüftung sollten Sie so lange fortsetzen, bis der Teich wieder klar ist.

Algen sind genau genommen Anzeiger für die Nährstoffsituation des Wassers. Wenn sie überhand nehmen und ständig auftauchen, sollte man den Ursachen nachgehen.

Wasserwechsel

Vermeiden Sie, wenn möglich, einen Wasserwechsel. Denn mit dem »frischen« Wasser bringen Sie auch Nährstoffe ein, das heißt, die biologische Entwicklung beginnt von vorn. Es sei denn, es ist einmal eine Generalreinigung nötig.

Achten Sie beim Ausräumen auf die Kleintiere. Am besten lassen Sie den Schlick über ein Sieb laufen. So entdecken Sie schnell den einen oder anderen krabbelnden Käfer und können ihn zurück in den Teich setzen.

Generalreinigung

Mit den Jahren kann es vorkommen, dass der Teich in seinen Flachwasserbereichen verlandet. Dann empfiehlt es sich, einen Teil des Wassers herauszupumpen und den Schlick aus den Randzonen herauszuräumen, sowie auch den Pflanzenbewuchs einmal kräftig auszudünnen. Diese Maßnahme wird im Spätherbst durchgeführt, wenn das Leben im Teich ruht.

Es ist nicht unbedingt nötig, rundum den ganzen Vegetationsbereich auszuräumen. Besser, Sie nehmen sich nur einen Teil vor, der besonders stark verlandet und mit Schlick angereichert ist. In einigen Jahren räumen Sie einen anderen Bereich, und wieder ein paar Jahre später einen dritten aus. So entstehen auf dem Teichboden unterschiedliche Altersstufen von Lebensgemeinschaften, was die Vielfalt der Mikroorganismen ungeheuer erhöht.

Mit speziellen Geräten lassen sich Schlamm und Schmutzbeläge aus dem Schwimmbereich entfernen.

Im Notfall hilft eine Generalreinigung, bei der der Teich bis auf den Randbereich leergepumpt und der Bodenschlick ausgeräumt wird. Hier wird mit dem Hochdruckreiniger nachgeholfen.

Wenn Sie die Möglichkeit haben, viel Regenwasser aufzufangen und in den Teich zu leiten, brauchen Sie ihn nicht mit Leitungswasser volllaufen zu lassen.

Schädlinge im Schwimmteich

Schwarze **Blattläuse** lassen sich manchmal auf den Blättern der Seerosen, auf den Stängeln der Schwanenblumen und manchen anderen Pflanzen nieder. Da jeder Einsatz chemischer wie auch biologischer Mittel das Leben im Teich beeinträchtigen würde, bleibt eigentlich nur die manuelle Methode, die Läuse von Hand abzustreifen oder stark befallene Blätter einfach abzuschneiden. Sie sind ohnehin geschwächt, sonst würden sich die Blattläuse nicht darauf nicht niedergelassen haben.

Dasselbe gilt auch für den **Seerosenblattkäfer** und den **Seerosenzünsler**, deren Larven Löcher in die Blätter fressen. Gute Chancen, sich zu vermehren, haben diese Insekten nur bei großen Vorkommen von Seerosen. Schneiden Sie einfach die befallenen Blätter ab und lassen Sie sie im Komposthaufen verschwinden. Lästig können **Enten** im Badeteich werden. Flugenten, wie zum Beispiel die Stockenten, fühlen sich oft durch die große Wasserfläche angezogen und lassen sich darauf nieder. Sie gründeln dort und verunreinigen den Teich durch ihren Kot. **Wichtig:** Vertreiben Sie die Tiere sobald sie auftauchen. Wenn sie immer wieder kommen, hilft es nur, ein Netz zu spannen und dies so lange über dem Teich belassen, bis keine Enten mehr auftauchen.

① Der Seerosenzünsler legt seine Eier auf den Seerosenblättern ab.

② Seine Raupe trennt ganze Blatteile heraus, um sich darin zu verpuppen.

③ Der Seerosenblattkäfer legt seine Eier ebenfalls auf Seerosenblättern ab.

④ Die Larven fressen im Sommer Löcher in die Blätter.

Probleme, Krankheiten und Schädlinge

Der Schwimmteich – nicht mehr wegzudenken

Eigentlich könnten die öffentlichen Freibäder auch im Winter geöffnet haben, auch wenn die Wasserbecken unbeheizt sind und das Wasser abgelassen ist. Es gibt dort doch eine große Wiese, wo die Besucher spazieren gehen und Bänke, auf denen Sie ein wenig ausruhen könnten, so wie in jeder Parkanlage. – Wahrscheinlich würde sich aber niemand auf eine Bank mit dem Blick ins türkisfarbene gefliese Schwimmbecken setzen wollen.

Wie viel mehr lockt doch ein natürliches Gewässer die Menschen an. Nicht ohne Grund hat jede Gemeinde, jede Stadt am Ufer ihres Flusses, ihres Sees einen Wanderweg, eine Seepromenade angelegt, und überall in den Städten säumen Gartenlokale und Cafés die Ufer unserer größeren natürlichen Gewässer. Warum?

Weil Wasser eine einzigartige und unvergleichliche Atmosphäre verbreitet. Wasser beruhigt den Betrachter durch seinen Anblick und erfrischt ihn mit seiner aufsteigenden Feuchtigkeit. Wasser lockt Lebewesen an, nicht zuletzt Menschen, die an den Ufern unserer Gewässer immer anzutreffen sind, von frühmorgens bis spätabends, im Sommer wie im Winter.

Ähnlich verhält es sich im Garten: würde es Sie wintertags an Ihr leeres Betonbecken locken? Wohl kaum. Aber an einem schönen, sonnigen Wintertag auf einem Klappstuhl am Teichrand zu sitzen, gleicht schon einer Meditation. Der Teich reflektiert Licht und trägt auf diese Weise zum Temperaturausgleich bei. Er verdunstet Wasser und sorgt für ein angenehmes Kleinklima im Garten. Auch wenn im Winter nichts grünt und blüht, so zeigen selbst die trockenen Halme der Rohrkolben und Binsen, der Stauden und Gräser am Ufer, die sich im klaren Wasser spiegeln oder von Raureif bedeckt sind, ihren ganz besonderen Charme.

Wenn der Schwimmteich dick gefroren ist, bietet er noch weitere Möglichkeiten: Sie können Schlittschuh laufen und Eisstock schießen, also in sportlicher Bewegung den Winter genießen.

Richtig spannend wird es im Frühjahr: die Sumpfdotterblumen öffnen ihre sattgelben Blüten, Schwertlilien und Kalmus treiben ihre spitzen Blätter und die Seerosen wagen sich Blatt für Blatt an die Oberfläche. Was tummelt sich da nicht alles im klaren Wasser. Und eines Tages finden Sie dicke Klumpen Froschlaich, deren Entwicklung vom Embryo bis zum kleinen Frosch Sie über Monate hinweg verfolgen können. In der Abenddämmerung können Sie die Bewohner beobachten, die Erdkröten und Grasfrösche, die sich Ihren Teich zur Hochzeit auserkoren haben.

Libellenlarven verlassen das Wasser und Sie haben Gelegenheit, dem spannenden Schauspiel der Häutung zuzuschauen.

Noch bevor Sie selbst ins Wasser steigen können, ist die Flora in und rund um Ihren Schwimmteich voll aufgeblüht. Und sie wird von Jahr zu Jahr schöner.

Den Impuls zu diesem natürlichen und sich kraftvoll entwickelnden Wachstum haben Sie gegeben. Diese lebenerfüllte Oase der Frische in Ihrem Garten ist Ihr Werk. Zu dem Erfolg, einen funktionierenden Schwimmteich gebaut zu haben kommen der gärtnerische Erfolg, der klimatisch-atmosphärische Erfolg, der ökologische und der moralische Erfolg, ein gutes Werk für die heimische Flora und Fauna und damit für unsere Umwelt getan zu haben, hinzu. – Und darin dürfen Sie sich nach Herzenslust baden...!

Im Sommer baden, im Winter Schlittschuh laufen oder Eishockey spielen – außer einem natürlichen Gewässer bietet das nur ein Schwimmteich.

Der Schwimmteich – nicht mehr wegzudenken

Bezugsquellen

Die Angaben der Bezugsquellen erheben keinen Anspruch auf Vollständigkeit. Alle Adressen sind nach Postleitzahlen geordnet.

Teichfolien

re-natur GmbH
Charles-Ross-Weg 24
24601 Ruhwinkel
Tel.: 04323/9010-0

Wülfing & Hauck
Ernst-Abbe-Str. 2
34260 Kaufungen
Tel.: 05605/8009-0

Heissner KG
Schlitzer Str. 24
36341 Lauterbach
(auch Kautschukfolien)
Tel.: 06641/860

Ubbing
Im Fisserhook 11
46395 Bocholt
(auch Kautschukfolien)
Tel.: 02871/2101-0
Fax: 02871/2101-70

Natur & Garten
Riesenbecker Str. 63
49479 Ibbenbüren-Dörente
Tel.: 05451/593410
Fax: 05451/593419

Ewald Dörken
Wetterstr. 58
58313 Herdecke
Tel.: 02330/630-0

Folien-Drewke
Postfach 100362
63264 Velbert
Tel.: 02051/21049

Aguaplan Held
Gottlieb-Daimler-Str. 5-7
75050 Gemmingen
(auch Kautsschukfolien)
Tel.: 07267/91260

Plastik-Kauf
Hauptstr.114
77652 Offenburg
Tel.: 0781/24904

Sarnafil GmbH
Kapellenweg 7
85622 Feldkirchen
Tel.: 089/991450

Zubehör

Virbela-Flowforms von
Dreiseitl-Atelier
Nußdorferstraße 9
88662 Überlingen
Tel.: 07551/92880

Tonabdichtung

Diekmann
Zum Hämelerwald 21
31275 Lehrte Arpke
(Dia-Ton-Elemente)
Tel.: 05175/301-0

Dernbach
Meißelstr. 29
45476 Mülheim/Ruhr
(Ton-Mineral-Gemisch
Dernoton)
Tel.: 0208/400279+99

Menting
Westricher Straße 63
46514 Schermbeck
(Ton-Elemente)
Tel.: 02865/7032

Schwimmteich-Hersteller

Beim Schwimmteichbau gibt es Systeme österreichischer Firmen wie Bioteich, Biotop und BioNova, die Lizenzen an verschiedene Garten- und Landschaftsbaubetriebe vergeben.

System Bioteich

Guido Manzke GmbH
Garten- und Landschaftsbau
Gewerbegebiet Nr. 5
21397 Volkstorf
Tel.: 04137/81403

Volker Kleineberg
Garten- und Landschaftsbau
GmbH & Co. KG
Einsteinstr. 1
32052 Herford
Tel.: 05221/75000

Louis Rasche GmbH
Garten- und Landschaftsbau
Stemmer Landstr. 2
32425 Minden
Tel.: 0571/946460

Gartenplan
Esken & Hindrichs GmbH
Stöcken 10
42799 Leichlingen
Tel.: 02175/71770

Grütters
Garten- und Landschaftsbau
Dassendaler Weg 18
47665 Sonsbeck
Tel.: 02838/91621

N. C. Thomas GmbH
Garten- und Landschaftsbau
Im Breitloh 17
74523 Schwäbisch Hall
Tel.: 0791/ 2030

System Biotop

Helmut Lütkemeyer
Garten- und Landschaftsbau
Steinhagener Str. 13
33334 Gütersloh-Isselhorst
Tel.: 05241/965010

Gerhard Schmidt GmbH
& Co. KG
Garten- und Landschaftsbau
Lützelwiesen 5
35428 Langgöns
Tel.: 06403/7060

Gartenhof Küsters GmbH
Garten- und Landschaftsbau
St. Antoniusstr. 1a
41470 Neuss
Tel.: 02137/50334

Peter Knappmann KG
Garten- und Landschaftsbau
Printroper Str. 555
45359 Essen
Tel.: 0201/699001
Fax: 0201/699003

Lorenz GmbH
Garten- und Landschaftsbau
Gierather Str. 182
51489 Bergisch Gladbach
Tel.: 02202/54069
Fax: 02202/50923

Baumschule Bohr
Kohlorucher Weg
66663 Merzig-Schwemlingen
Tel.: 06861/75052

Hofmann GmbH & Co.
Garten- und Landschaftsbau
Gönninger Str. 201
72793 Pfullingen
Tel.: 07121/97310

Sallmann GmbH
Garten- und Landschaftsbau
Seewiesen 2
74196 Neuenstadt
Tel.: 07139/1297

Sandler
Garten- und Landschaftsbau
Weißerlenstr. 26
77108 Freiburg
Tel.: 0761/16044

Sauter GmbH
Garten- und Landschaftsbau
Freiburger Str. 16
79312 Emmendingen
Tel.: 07641/8608

Robert Wiedeburg
Garten- und Landschaftsbau
GmbH & Co.
Leidingerplatz 5
80992 München
Tel.: 089/1495681

Schleitzer GmbH
Garten- und Landschaftsbau
Enterstr. 23
80999 München
Tel.: 089/8120364

Fuchs baut Gärten
Schiegeldorf 91 a
83661 Lenggries
Tel.: 08042/8220

Haderstorfer
Garten-, Landschafts- und
Sportplatzbau
Albing 2
84030 Ergolding Landshut
Tel.: 0871/973650

Rolf Schellheimer
Garten- und Landschaftsbau
Günzbacher Str. 17
87499 Wildpoldried
Tel.: 08304/5033

Erich Rösler
Garten- und Landschaftsbau
Sonthofner Str. 20
87554 Oberstdorf
Tel.: 08322/3934

Helmut Haas GmbH
& Co. KG
Hochbergweg 4
88239 Wangen Roggenzell
Tel.: 07582/9580

Siegfried Kahl GmbH
Götzendorf 10
92546 Schmidgaden
Tel.: 09606/8201

Rolf Schmidt GmbH
Falkenweg 11
92718 Schirmitz
Tel.: 0961/42454

System BioNova

BioNova Deutschland
Dipl.-Ing. Rainer Grafinger
St.-Nikolaus-Str. 2
85232 Bergkirchen
Tel.: 08131/354703

Eigene Bauweisen

re-natur GmbH
Charles-Ross Weg 24
24601 Ruhwinkel
Tel.: 04323/90100

I. + K. Mielke, Hämelstr. 16
32425 Minden
Tel.: 0571/41741

Becker & Niemeyer
Gartenarchitektur -
Badeteiche
Hoher Heckenweg 23
48147 Münster
Tel.: 0251/236217

Hammer & Kampermann
Sonnenhausen 2
85625 Glonn
Tel.: 08093/300668

Georg Schawohl
Teichbau und Biotope GmbH
Lochberg 6–8
83135 Schecken
Tel.: 08031/599602

Österreich

Naturgarten
Landschaftsbau GmbH
Andreas-Lechner-Str. 5
A-1140 Wien
Tel.: 0043/1/9791798

K u. K. Moser KEG
Grestnerstr. 9
A-3250 Wieselburg
Tel.: 0043/7416/54337

Biotop & Co. GmbH
Hauptstr. 285
A-3411 Weidling
Klosterneuburg
Tel.: 0043/2243/30406

Günter Matula
Edramsberger Straße 34
A-4073 Wilhering
Tel.: 0043/7226/2900

Wassergärten -
R. Weixler KEG
Aicherbergstr. 48
A-4600 Wels
Tel.: 0043/7242/66692

Leben mit der Natur OEG
Landschaftsplanung,
Landschaftsbau, Garten-
gestaltung, Teichbau
Rodlbergstr. 42
A-4609 Thalheim b. Wels
Tel.: 0043/7242/62220

BioNova Austria
Brandlmaier KEG
Sportplatzstr. 11
A-4600 Wels
Tel.: 0043/7243/53219

Ing. Ulrich O. Kub
Kallhamerdorf 12
A-4720 Kallham
Tel.: 0043/7733/7850

Garten Hauer
Gartengestaltung GmbH
A-4760 Raab Nr. 236
Tel.: 0043/7762/2740

Aquatop GmbH
Karl Sailer
Untermühlham 15
A-4891 Pöndorf bei
Straßwalchen
Tel.: 0043/7694/7271

Biotop & Technik
Ratzesberger KEG
Dorf 150
A-6323 Bad Häring
Tel.: 0043/5332/73699

Schweiz

Hans Graf
Gartenbau
Krauchthalstr. 6
CH-3065 Bollingen
Tel.: 0041/3192/10097

Rico
Gartenbau
Binzinkerstr. 13
CH-8627 Grüningen
Tel.: 0041/1935/3383

Winkler & Richard AG
Naturgärten
Frauenfeldstr. 27
CH-9545 Wängi
Tel.: 0041/52/3782184

Wasserpflanzen und Stauden

Wasserpflanzen und Stauden sind über die Hersteller von Schwimmteichen sowie in Staudengärtnereien und Gartencentern zu beziehen. Eine Adressliste bekommen Sie auch beim

Bund deutscher
Staudengärtner
Gießener Str. 47
35305 Grünberg
Tel: 06401/91010
Fax: 06401/910191

Stichwortverzeichnis

Mit * markierte Seitenzahlen verweisen auf Abbildungen.

Abdichtung 30
Abdichtungsmethoden 30
Abgrenzung 33, 34
Ablaichen 128
Absetzschacht 94
Abstützung 33, 34, 35
Acorus calamus 93
aerobe Bakterien 82, 92, 95
Algen 44, 82*, 86, 87, 99, 131*, 135, 135*
Algenbildung 14
Algenwatten 99, 130
Algenwuchs 42, 102, 131
Amphibien 9, 16, 86, 87, 129
anaerobe Bakterien 43, 135
Aqua-Clear-Granulat 114
Arbeitsraum 34, 37
Armierung 31
Astilbe 68*
Aufrechter Igelkolben 93
Aushub 23, 25, 28, 29*, 30
Azurjungfer 130*

Babybereich 103
Bachlauf 96, 97*
Badebereich 12, 24, 29
Badebetrieb 33
Badehäuschen 57*
Badesaison 130
Badeteich 7*, 7, 60*, 100*
Bagger 26, 27*, 29*
Baggerarbeiten 123
Bakterien, aerobe 43, 82, 92, 95
Bakterien, anaerobe 43, 135
Bakterienaktivität 130
Bakterienblüte 135
Baldrian 64
Bambus 62

Baumstamm 60
Bauraum 29
baurechtliche Fragen 13
Baustahlmatten 31
Belüfterstein 134
Benjes-Hecke 59
Bepflanzung 42ff.
Bergmolch 128, 128*
Beton 30
Beton-Schalsteine 31, 33*, 116, 117*
Betonbecken 75
Betonmauer 17, 31
Betonwand 76
bewegtes Wasser 96
Bezugshöhe 22, 28
Bezugslinie 25
Binsen 45, 46, 133
Binsenkläranlage 104
Biologisches Gleichgewicht 84, 85* 99
Bitterling 89, 89*
Blattläuse 136
Blumenwiese 70, 71*
Blutweiderich 64*
Bodenaushub 25, 29
bodendeckende Pflanzen 65
Bodenschlick 33
Böschungen 18, 29, 30
Breitblättriger Rohrkolben 93
Brücken 103
Brunnen 83
Brunnenwasser 135
Butomus umbellatus 93

Cadmium 73
Carex grayii 62
Ceratophyllum demersum 86
Chamaemelum nobile 57
Chara aspera 86
Chlor 83
Container 52

*D*eschampsia caespitosa 62
Dichtung 30
Dreiecksmessung 21
Dreikammerfilter 95
Dreistacheliger Stichling 88*, 89

*E*inschnitt 17
Einstieg 18, 54, 55*, 112*
Einstiegsleiter 123
Eis 133
Eisdecke 133
Eisfreihalter 133*, 134
Eisstockschießen 138, 139*
Elodea canadensis 86
Elritze 88
Engelwurz 69*
Enten 137
Erdaushub 26
Erdkröten 127
Erdmassen 25
Erdmengen 27
Erdwall 13, 17, 29*, 58, 61

*F*adenalgen 84, 99, 130, 131, 135
Fadenmolch 128
Falten 36
Faltenbildung 37
Faulgase 133
Feldthymian 57
Fertigbeton 31
Fertigelemente 31, 118
Fertigteichelemente 30
Filteranlage 93, 124
Filterschacht 114*, 115*
Filtersystem 114
Filterung 91
Filterwirkung 95
Findling 97*
Fische 87, 88
Flachwasser 46

Flachwasserzone 29, 45
Flatterbinse 93
Flechtbinse 93
Flohkrebse 127
Flussmuschel 89
Folie 30, 31, 33, 35, 40, 41, 73, 107, 134
Folie auslegen 36
Folie verschweißen 37*, 73*
Folienabdichtung 35
Folienbedarf 36*
Folienfarbe 74
Folienrand 40
Folienstärke 74
Folienwinkelbleche 123
Frauenmantel 68*
Froschbiss 47*, 86
Frösche 9, 86
Frühjahr 127
Fundament 33
Funkie 68*

Geburtshelferkröte 128
Gefälle 18*, 19, 24, 29
Geländehöhe 28
Gelbrandkäfer 86, 128
Genehmigung 12
Generalreinigung 136, 136*
Geräte 26
Gesteinssplitt 94
Gitterkörbe 50
glasfaserverstärktes Polyesterharz (GFK) 74
Goldfische 87ff., 89*
Gräser 62
Grasfrösche 60, 127, 127*
Grundriss 19, 24
Grundrissplan 21
Grundstücksgrenze 12
Grundwasser 83, 134
Grundwasserteich 78

Hahnenfuß 46
Handstampfer 37
Hang 22
Hanggrundstück 12

Hanglage 16, 110, 110*
Hechtkraut 46*, 68*
Herbst 132
Herbstlaub 132, 132*
Höhenmaße 23
Höhenmessung 22, 23*
Höhennivellierung 110
Höhenpflöcke 40
Höhenschichtlinien 23f., 24*
Höhenunterschiede 23
Hohlblocksteine 33
Holzabdeckung 125*
Holzabgrenzung 30, 106
Holzabstützung 28, 34
Holzbalkenkonstruktion 30
Holzbecken 108, 108*
Holzdeck 113*
Holzstapel 60
Hornkraut 86
Hydrocharis morsus-ranae 86

Igelkolben 47*
Insekten 86
Ionenaustausch 114
Iris 64*
Iris pseudacorus 93, 93*

Juncus effusus 93

Kalk 81, 83, 86
Kalkgehalt 83
Kalmus 45, 93, 129
Kammmolch 128
Kanadische Wasserpest 86
Kanthölzer 30
Kapillareffekt 40
Kapillarsperre 40, 40*, 62, 125*
Kaulquappen 127*, 128
Kautschukfolie 74, 114
Kies 110
Kieselsteine 40
Kieskörper 118
Kiessäcke 30, 34
Kinder 13, 13*, 15*, 18*, 112, 113*
Kindersicherung 19, 19*

Kleinklima 58, 138
Knoblauchkröte 128
Körbe 50
Krebsschere 47*, 53*, 86, 129, 131
Kreiselpumpe 96, 104
Kreuzkröte 128
Kröten 9, 60, 86, 129*
Kunststoffelemente 124, 124*

L-Steine 31
Laich 87
Laichklumpen 127
Laichschnüre 127
Lärchenholz 34, 103, 123, 124
Lärchenholzbretter 122
Larven 87
Laubfrösche 61, 127*, 128
Lehm 76
Leitstauden 65
Leitungswasser 83, 92, 135
Lesesteinhaufen 60
Libellen 86, 99, 130*
Libellenlarven 9, 127ff., 128*
Liegefläche 112
Liegeplatz 16, 58
Liegewiese 56
Ligularie 68*, 69*
Lindenthal 103

Mädesüß 64
Magerbeton 35
Malermuschel 89
Maschendrahtgeflecht 133
Maßband 36
Maßstab 22
Mauer 33
Mauswiesel 62
Membranpumpe 134, 135
Messen 20, 24
Miete 28, 29
Mikrofauna 33
Mikroorganismen 91
Mikroplankton 85
Minibagger 26, 27
Miscanthus floridulus 62

Mischungsverhältnis 31
Moderlieschen 88*
Molche 9, 86, 128
Molinia caerulea 62
Moortümpel 63*
Moorvegetation 63*
Morgensternsegge 62
Motorstampfer 30, 37, 77*
Mückenlarven 85*
Mückenplage 85ff.
Mutterboden 28, 29, 40

Nachbargrundstück 16
Nährstoffe 29, 135, 136
Nährstoffgehalt 135
Nährstoffreichtum 44
Natursteine 35
Netz 20*, 132, 132*
Nichtschwimmerteil 103
Nitrat 44, 82, 84, 86f., 92, 130
Nitratverbindungen 94
Nivelliergerät 34*
Nymphaea tetragona 47

Oberflächen-Absaugbehälter 94
Oberflächenskimmer 94, 94*, 102, 107, 114, 118

Pestizide 83
Pfeilkraut 45, 129*
Pflanzen-Kläranlage 43, 44, 90*, 91, 93
Pflanzenwurzeln 44
Pflanzung 50, 53
Pflanzzeit 53
pH-Wert 81, 81*, 83, 92
Phoshat 44, 82, 84, 86, 87, 92, 130
Phophatverbindungen 94
Phragmites australis 93
Planen 20
Plankton 95
Planung 14
Polyäthylen (PE) 73, 118
Polyolefin-Folie 124
Polypropylenvlies 123
Polyvinylchlorid (PVC) 73

Posthornschnecke 128*
Profile 25*, 26
Pumpe 95*, 96, 104, 123, 135
Pumpenschacht 95*
PVC-Folie 73, 101, 108, 110

Qualität der Wasserpflanzn 52, 52*
Quellstein 114, 116, 118

Randzonen 59
Ranunculus fluitans 46
Rasenschmiele 62
Rauhe Alge 86
re-natur 7, 101, 102
Rechter Winkel 21, 25
Rechtwinkelverfahren 21, 25
rechtwinkliges Dreieck 21
Recycling-Polyäthylen 124
Recyling-Kunststoffelemente 124, 124*
Regenerationsbereich 103
Regenerationszone 104, 114
Regenwasser 83, 91, 92, 120, 135, 136
Reisighaufen 58, 60
Repositionspflanzen 43, 91ff.
Riesenchinaschilf 62
Rohrkolben 45, 46, 93*, 99, 133
Römische Kamille 57
Rotbauchunke 128
Rückenschwimmer 127
Rückzugsgebiet für die Amphibien 58
Ruderwanze 86, 128*
Rundhölzer 30, 31*, 106*, 107
Rüttelplatte 30, 37, 79

Salamander 9
Sand 36
Sandschicht 30
Sandstrand 56, 57*
Sauerstoff 43, 130, 133
Sauerstoffgehalt 42
Sauna 14, 103, 122
Schilf 45
Schlammabsauger 131
Schlammfang 114
Schlick 136

Schlittschuhlaufen 138, 139*
Schmalblättriger Rohrkolben 93
Schutzvlies 35, 36, 109
Schwanenblume 52, 93
Schwebalgen 84, 99, 130
Schwedtke, Paul 7, 101, 102
Schwertlilien 69
Schwimmbadfilter 95
Schwimmbecken 30
Schwimmbereich 26, 28ff., 30, 33ff., 41, 46, 103, 112
Schwimmblattpflanzen 42, 43, 45, 97
Schwimmendes Laichkraut 45
Schwimmpflanzen 44, 49, 53
– einsetzen 53*
Schwimmteich 6*, 9*, 10*, 54*, 57*, 60*, 100*, 106*, 108*, 111*, 115*, 117*, 119*, 120*
– am Hang 16, 17*
– anlegen 38/39*
Schwimmteich-Plan 22
Scirpus lacustris 93
Seekanne 42, 43*, 45
Seerosen 42*, 43, 43*, 50, 57*, 97, 129*, 137
– gelbe 47
– pflanzen 51*
Seerosenblattkäfer 137, 137*
Seerosenzone 114
Seerosenzünsler 137, 137*
Seichtwasser 46
Seifengras 62
Selbstreinigungskraft 95
Selbstreinigungsprozeß 9
Senkgrube 122
Sibirische Wieseniris 64*
Sichtschutz 16
Sitzplatz 16, 58
Skimmer 94, 94*, 96, 114, 115*, 116
Solitärstauden 65
Sommer 130
Sparganium erectum 93
Spielplatz 58
Springbrunnen 96
Springfrösche 60

Staffelmessung 23, 23*, 28
Stauden 62, 65*, 66, 69
Staudenrabatte 65
Steg 55, 56*, 103*, 117*, 123
Stichling, Dreistacheliger 88*, 89
Stickstoffverbindungen 95
Stockenten 137
Stratiotes aloides 86
Stufen 55*
Stützmauer 12f., 17ff., 30, 31, 33, 35, 37
Sumpfbeet 92
Sumpfbeetkläranlage 93, 91, 92*, 94
Sumpfdotterblume 45, 46, 52, 63, 93, 129*
Sumpfgewächse 42, 45
Sumpfgürtel 45
Sumpfmulde 63
Sumpfpflanzen einsetzen 53*
Sumpfschwertlilie 45, 52, 129
Sumpf-Vergissmeinnicht 52, 64, 93
Sumpfzone 28
Swimmingpool 8, 9, 83, 101, 102*, 119*

Tannenwedel 45, 47*
Tauchbecken 12, 122, 123*
Taumelkäfer 127
Teichabdichtungsbahn 123
Teichaushub 13, 50
Teichbauelemente aus Ton 77f.
Teichboden 50
Teichfolie 30, 36, 40, 73
Teichfrosch 60, 128
Tcichgrube 13, 24, 28, 36
Teichmolch 128
Teichmulde 25, 28, 29, 36, 78
Teichmummel 50
Teichmuschel 89
Teichprofil 18, 24
Teichrand 28, 40
Teichrose 42, 43*, 45, 97
– pflanzen 51*
Teichsäcke 30, 55*, 104, 110*, 111*, 114
Teichtiefen 23
Teichufer 28, 65*
Teichumriss 25, 28

Terrasse 56*
Thymus serpyllum 57
Tiefenzonen 29, 44/45*, 46
tiefes Wasser 46
Tonelemente 76*, 77*
Ton 30, 76
Tonmineralpulver 78
Tonteich 76*, 77*, 78
Trennmauer 24, 28
Treppe 55*
Trockenbachbett 60
Trockenmauer 61, 61*, 62
Typha angustifolia 93
T. latifolia 93

Überlaufrinne 95*
Ufer 54*, 60
Uferlinien 19
Uferzonen 16, 60*, 68*
Ukelei 88
Umkippen 14
Umriss 23*, 29
Umwälzanlage 102, 124
Umwälzpumpe 116
Umwälztechnik 91
Umwälzung 118
Unken 9, 86, 128
Unterboden 29
Unterwasserpflanzen 44, 45, 49, 53, 86, 131
UV-Anteil des Lichts 44
UV-Licht 50
UV-Stabilisator 73

V-Pumpe 122
Vegetationsbereich 28, 34, 41, 114, 122
Vegetationsgürtel 42, 45
Vegetationszone 12, 18, 20, 24, 25, 26, 28, 29, 30, 33, 35, 43, 45, 112, 116, 118
Verlandungszone 45
Vibrationsstampfer 76*, 79
Vlies 36, 107, 110
Virbela-Flowforms 97, 119*
Volumen 26

Wallhecke 58, 59, 60
Wasser einfüllen 41, 41*
Wasserbewegung 46
Wasserfall 96*, 97
Wasserfeder 46*
Wasserflöhe 127
Wasserfrösche 60, 128
Wassergewächse 45
Wasserhärte 81, 83
Wasserklärung 91
Wasserläufer 86
Wasserlinse 49*, 84, 131
Wassermoleküle 81, 81*
Wasserpflanzen 35, 42, 44/45*, 47, 48
Wasserpflanzenbereiche 14
Wasserpflanzenerde 29
Wasserpflanzengürtel 30
Wasserpflanzenzone 29, 33, 114
Wasserqualität 14
Wasserschnecken 86
Wasserschwertlilie 93*
Wasserspiegel 40
Wassertemperaturen 14
Wassertiefe 19, 20, 28, 47
Wassertrübung 131
Wasserwechsel 136
Wechselkröte 128
weiches Wasser 83
Weichmacher 73
Weißtannenholz 34
Wildfische 88, 89
Wildgehölzhecke 59
Winkelsteine 31
Winter 133, 134*, 139*

Zaun 20
Zeolith 94, 114
Ziegelrohlinge 77
Ziegelsteine 33
Zisterne 120
zugeordnete Stauden 65

Bildnachweis

BioNova: 1, 6, 29, 34, 41u, 73ur, 94, 95u, 97o, 97u
Biotop: 2/3, 41ol, 41or, 55u, 61, 95o, 98, 131u, 124ol, 124or, 124ul, 124ur, 139
Borstell: 68o
Diekmann: 76ul, 76ur, 77
Dittrich: 120
Eisenbeiss: 43or, 47M, 85o, 127o, 129l
Hammer & Kampermann: 80
Kub: 118, 119o, 119u, 136o
Leben mit Natur: 123
Pforr: 43ul, 46r, 47o, 47ul, 47ur, 49, 63, 64o, 69l, 69r, 85u, 88o, 89o, 93r, 126, 127ul, 127ur, 128Ml, 128Mr, 128ul, 129M, 130, 135, 137ol, 137or, 137ur
Redeleit: 9, 43ol, 68
Reinhard: 20, 46l, 64u, 71, 82, 88u, 89u, 93l, 128ur, 129o, 131o
re-natur: 102ol, 102oM, 102ul
Sammer: 42, 56o, 65, 100, 102ur, 133
Schawohl: 114ol, 114ul, 114r, 115
Schleitzer: 33, 134
Seidl: 43ur, 129r, 137ul
Stein: 13, 18, 57o, 90, 132, 136r
Thinschmidt: 38o, 38oM, 38o/Einkl. 38uM, 38u, 39o, 39oM, 39uM, 39u, 56u, 72, 117
Weixler: 10/11, 17, 27, 31, 54, 55o, 57u, 60, 103o, 103u, 106u, 106/107, 108o, 108u, 110o, 110u, 111, 113l, 113or
Wiedeburg: 35o, 35u, 37r

Alle anderen Fotos von Wolfram Franke.

Zeichnungen: Heidi Janiček

Die Deutsche Bibliothek – Cip-Einheitsaufnahme

Franke, Wolfram
Der Traum vom eigenen Schwimmteich : Planung, Anlage, Technik, Bepflanzung, Pflege / Wolfram Franke. – München ; Wien ; Zürich : BLV, 1999
ISBN 3-405-15679-3

BLV Verlagsgesellschaft mbH
München Wien Zürich
80797 München

© 1999 BLV Verlagsgesellschaft mbH, München
Das Werk einschließlich aller seiner Teile ist urheberrechtlich geschützt. Jede Verwertung außerhalb der engen Grenzen des Urheberrechtsgesetzes ist ohne Zustimmung des Verlags unzulässig und strafbar. Das gilt insbesondere für Vervielfältigungen, Übersetzungen, Mikroverfilmungen und die Einspeicherung und Verarbeitung in elektronischen Systemen.

Umschlaggestaltung: Studio Schübel, München
Titelfoto und Umschlagrückseite: Richard Weixler
Gestaltung und Satz: Graph. Büro Volker Fehrenbach, München
Lektorat: Dr. Thomas Hagen
Herstellung: Hermann Maxant

Reproduktion: Repro Ludwig Zell a. See
Druck und Bindung: Neue Stalling, Oldenburg

Gedruckt auf chlorfrei gebleichtem Papier

Printed in Germany · ISBN 3-405-15679-3

WASSERGÄRTEN

Besuchen Sie unsere 10.000 m² große Wasserpflanzengärtnerei mit über 40 Teichen und Zuchtbecken

Über 150 Sorten von Sumpf- und Wasserpflanzen für Ihr Biotop oder Ihren Schwimmteich

Auch Versand von Pflanzen

Schauteiche und Biotope

Seerosen aus eigener Zucht

Bepflanzungen von Schwimmteichen

Viele Raritäten

WASSERPFLANZENGÄRTNEREI
RICHARD WEIXLER

A-4600 Wels, Aichbergstraße 48
Tel. ISDN: 00 43/72 42 / 66 6 92 · Fax: 00 43/72 42 / 66 69 24
e-mail: wassergaerten@eunet.at
Internet: http://members.EUnet.at/wassergaerten

Natur erleben

Lebensraum schaffen

Becker&Niemeyer
Gartenarchitektur und Badeteiche

Individuelle, **objektbezogene Teichplanung** und Ausführung. Umbau und **Sanierung alter Schwimmbecken** zu Naturbadeteichen. **Badeteichbausätze** für den Eigenbau. Incl. aller Materialien und Bauanleitungen. **Sämtliches Badeteichzubehör** wie z.B.: Reinigungspumpen, Filteranlagen, UVC-Licht, Reinigungssubstrate, Teichpumpen, Teichabdecknetze, Netzstützen und vieles mehr.

Hoher Heckenweg 83
48147 Münster
Tel: 0251/236217
Fax: 0251/236218

Individuell und vielseitig

BADETEICHE

Das reinste Vergnügen.

Der Original **SWIMMING-TEICH** ist mehr als die bloße Kombination von Teich und Pool. Er ist eines der schönsten Beispiele, wie sinnvoll intelligente Nutzung – statt Ausnutzung – der Natur sein kann. Mit der Erfahrung und Sicherheit, die eben nur der Erfinder des Swimming-Teiches bieten kann. Seit 1985.

Profitieren Sie von dieser Erfahrung unter

Deutschland: Tel. (089) 52 31 40 20
Schweiz: Tel. (055) 212 33 83
Österreich: Tel. (02243) 30 406
Zentrale: Biotop GmbH, A-3411 Weidling, Hauptstraße 285
Internet: http://www.Swimming-Teich.com

BioNova® BADETEICHE

EUROPAWEIT MEHR ALS 500 ANLAGEN VON 50 BIS 5.000 m²

EXCLUSIVE PRIVATPOOLS
MIT VOLLBIOLOGISCHER WASSERREINIGUNG

KOMMUNALE PROJEKTE

HOTELANLAGEN

PLANUNG UND BAULEITUNG

BioNova AUSTRIA
G. BRANDLMAIER KEG
PLANUNGSBÜRO FÜR
VOLLBIOLOGISCHE NATURBÄDER

A-4600 WELS
SPORTPLATZSTRASSE 11
TEL: 07243/53219, FAX: DW 14

MITGLIED DES FACHVERBANDES

BioNova DEUTSCHLAND
DIPL. ING. RAINER GRAFINGER
PLANUNGSBÜRO FÜR
VOLLBIOLOGISCHE NATURBÄDER

D-85232 BERGKIRCHEN
ST. NIKOLAUS-STRASSE 2
TEL: 08131/3547-03, FAX: DW 04
E-MAIL: RGrafinger@aol.com

- **BioNova Deutschland**
  Tel.: 0 81 31 / 35 47 03 · Fax: 0 81 31 / 35 47 04
- **BioNova Nord**
  Begrünungstechnik Holle · 31188 Holle · Marktstraße 16
  Tel.: 0 50 62 / 9 61 96 · Fax: 0 50 62 / 9 61 97
- Carsten Sugaisky · 23881 Niendorf · Dorfstraße 22
  Tel.: 0 41 56 / 76 61 · Fax: 0 41 56 / 6 90
- Galabau OHG Schumacher & Wellbrock · 28355 Bremen
  Mackensenweg 1 · Tel.: 04 21 / 40 41 38 · Fax: 04 21 / 40 71 67
- Gartengestaltung Niklas Sobotta · 34305 Niedenstein
  Rieder Straße 6 · Tel.: 0 56 03 / 61 92 · Fax: 0 56 03 / 57 52
- Gartengestaltung Peter Clahsen · 41812 Erkelenz · Mennekrath 70
  Tel.: 0 24 31 / 52 75 · Fax: 0 24 31 / 7 26 37
- Happy Gardens S&S Schoblocher GmbH · 56170 Bendorf
  Brauereistraße 46 · Tel.: 0 26 22 / 66 87 · Fax: 0 26 22 / 1 43 29
- Werner Hocke · 56368 Herold · Lahnstraße 3
  Tel.: 0 64 86 / 91 10 23 · Fax: 0 64 86 / 91 10 24
- Busch GmbH · 87724 Ottobeuren · Stephansrieder Straße 14
  Tel.: 0 83 32 / 92 26-0 · Fax: 0 83 32 / 92 26-20
- Josef Limmbrunner GmbH · 94569 Stephansposching
  Wappersdorf 5 · Tel.: 0 99 35 / 8 49 · Fax: 0 99 35 / 12 94
- Manuela Bielert · 99891 Tabarz · Reinhardsbrunner Straße 66
  Tel.: 03 62 59 / 6 25 69 · Fax: 03 62 59 / 6 20 36

WASSERGÄRTEN

Öko-Bad Lindenthal-Leipzig
Erster öffentlicher Schwimmteich
in der BRD

25 Jahre Erfahrung

- Öffentliche Öko-Schwimmbäder
- Planung + Anlage
- Schwimmteiche – Biotope
- Teichzubehör
- Heizen mit dem Schwimmteich

WASSERGÄRTEN - WELS
R. Weixler KEG

A-4600 Wels, Aichbergstraße 48
Tel. ISDN: 00 43/72 42 / 66 6 92
Fax: 00 43/72 42 / 66 69 24
e-mail: wassergaerten@eunet.at
Internet: http://members.EUnet.at/wassergaerten

WASSERGÄRTEN - LEIPZIG
Dipl.-Ing. T. Markurt - R. Weixler

D-04469 Lützschena-Stahmeln, Auenblickstraße 8
Tel. ISDN: 00 49/341/ 46 78 70 · Fax: 00 49/341/ 46 14 448
Auto: 00 49/177/ 40 70 660
e-mail: wassergaerten@t-online.de
Internet: www.wassergaerten.de

FÜHREND IN GESTALTUNG UND WASSERQUALITÄT!

* Komplette Bade-Teich Bausysteme *
* Musteranlagen auf 15.000 m² *
* Kautschukfolien bis zu
15,2 m Breite und 61 m Länge ohne Naht!
– Pumpen – Filter –
Wasserpflanzen – Teichmuscheln *

Georg Schawohl GmbH, Lochberg 6–8,
83135 Schechen, Tel 0 80 31/59 96 02, Fax 59 96 03

AQUA-CLEAR®

Teich-Biofiltersystem ohne Chemie
vom Profi – für Profis

ENDLICH SCHLUSS MIT DEN VERALGTEN TEICHEN!

* Auch nachträglicher Einbau in nicht
funktionierenden Schwimmteichen möglich *

Georg Schawohl GmbH, Lochberg 6–8,
83135 Schechen, Tel 0 80 31/59 96 02, Fax 59 96 03

Die ökologische Alternative für Ihre Becken- und Teichabdichtungen

Grün wie die Natur – die neuen Sarnafil Abdichtungsbahnen MP 965-12 und MPG 970-25 auf Polyolefin-Basis.
Für Garten- und Schwimmteiche, Pflanzenkläranlagen, Feuchtbiotope und Regenrückhaltebecken.
- weichmacher- und chlorfrei
- extrem reiß- und durchschlagsfest
- beidseitig UV- und witterungsbeständig
- flexibel und leicht zu verarbeiten

Sarnafil – Kompetenz in Abdichtung

Sarnafil GmbH
Kapellenstraße 7
D-85622 Feldkirchen
Tel. (0 89) 9 91 45-0
Fax (0 89) 9 91 45-1 00

Sarnafil Division

Vergnügen im Element Wasser

A-8042 GRAZ • Einödhofweg 20
Tel.: 03 16 - 46 16 51 • Fax: 03 16 - 46 40 71
e-mail: biotop-kern@netway.at

SCHWIMMTEICHE

BIOTOPE

WASSERPFLANZEN, **LOTOS**
und SEEROSEN – NEUHEITEN !

Bestellung über Postversand im In- und Ausland.

NATUR BADETEICH

20 Jahre Hobby + Profession:
Naturteiche + Badeseen!
Die ideale Lösung: Mielke`s Spezialfolie 1,0-2,0 mm, geprägt, langjährige Garantie. Praxisgerechte Bauanleitung mit Pflegetips. Biologisch ausgewogene Bepflanzung für immer klares Wasser. Verschnittfreier Großanlagenbau. Telefonberatung.

I. + K. Mielke Spezialist für Naturzierteiche
Hämelstr.16/8, 32 425 Minden, Telefon (05 71) 4 17 41, Fax (05 71) 4 26 38

Der Sprung in Ihr ganz privates Badeparadies

Ratzesberger KEG
kompetent, kreativ, leistungsstark

ist Ihr Partner für…

 Planung und Bau von Natur-Schwimmteichen und Biotopen

 Umbau von Swimmingpools zu Natur-Schwimmteichen

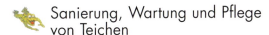 Sanierung, Wartung und Pflege von Teichen

 Landschaftsgestaltung

Biotop & Technik Ratzesberger KEG
Dorf 150, A-6323 Bad Häring
Tel./Fax: (+43)05332/73699
mobil:0676/4298639

- Bewachsene Dächer
- Biologischer Pflanzenschutz
- Schwimmteiche, Stauden
- Sumpfbeet-Klärstufen
- Tümpel, Weiher, Wasserpflanzen
- Zäune

24601 Ruhwinkel
Tel. 0 43 23 / 90 10 - 0
Fax 90 10 33
Internet: www.re-natur.de

Ideen, die der Natur das Wasser reichen.

Ihr Garten als eine Quelle der Natur –
mit einem individuell angelegten Schwimmteich oder Feuchtbiotop von Sailer.

- fachmännisch gebaute Schwimmteiche, Feuchtbiotope und Bachläufe
- Gartenneu- und -umgestaltung nach Maß
- sanfte Baumbehandlung, Sanierung und Regeneration durch biologische Verfahren
- Aquatop - ein 100%iges Naturprodukt zur biologischen Algenbekämpfung
- kompetente Beratung und Betreuung - von der Planung bis zur Ausführung

Als Garten- und Naturfreund sind Sie bei Sailer ganz in Ihrem Element! Wir freuen uns auf ein persönliches Gespräch.

Karl Sailer · Schwimmteich und Gartengestaltung · A-4891 Pöndorf bei Straßwalchen, Untermühlham 15
Telefon ++43/(0) 76 84 / 72 71, Fax 72 71 12 · e-mail: sailer@geocomp.at · homepage: www.sailer.at

Natürlich, der schönste Schwimmteich.

*S*eit 1975 beschäftigt sich D.I. Günther Matula mit Gartengestaltung und seit 10 Jahren mit der Planung und Erstellung von Schwimmteichen.
Bei Matula Gartengestaltung steht die Natur im Mittelpunkt, weil die langjährige Erfahrung gezeigt hat, daß damit der Schwimmteich ein natürliches Gleichgewicht bekommt und damit besser funktioniert.
Die Kombination von naturnaher Gartenplanung und -gestaltung, sowie ein professionelles Team von 22 Mitarbeitern geben dem Slogan "Natürlich, der schönste Schwimmteich" Inhalt.
Bei der Planung und Erstellung von Schwimmteichen legt Matula großen Wert auf die Integration mit dem bestehenden Garten.

Dipl. Ing. Günther
Matula
Gartengestaltung
a m   E d r a m s b e r g

A-4073 Wilhering, Österreich, Edramsberger Straße 34, **Tel.:** **++43 7226/25 45**, Fax: DW 20
office@matula.at, www.matula.at

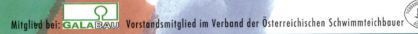

Mitglied bei: GALABAU   Vorstandsmitglied im Verband der Österreichischen Schwimmteichbauer

Schwimm-Teichfolien

in verschiedenen Stärken
und jeder Größe –
zu günstigen Preisen.

kostenloses
Angebot und Muster

plastic-Kauf

77652 Offenburg · Hauptstraße 114/116
Tel. 0781/24904 · Fax 0781/1689

MENTING

Naturteiche
natürlich
nur aus Ton!

Bachläufe
Schwimmteiche

- *Pflanzkübel*
- *Weinlagersteine*
- *Weinlagerstein-Kübel*

- Garten- und Landschaftsgestalter kennen -

**MENTING Ziegelwerk
Naturteichbau**
46514 Schermbeck
Tel.: 0 28 65 / 70 32
Fax: 0 28 65 / 82 40

INFOS ANFORDERN!

Der etwas andere Schwimmteich...

... mit Holz, Kautschuk

und vielen Pflanzen

In Deutschland:

D-85625 Glonn bei München, Sonnenhausen 2,
Fon 0 80 93-30 06 68, Fax 0 80 93-30 06 58

Robert Thöle
NATURgarten
& BadeTEICH

D-74869 Schwarzach, Hauptstraße 24, Fon 0 62 62-73 09,
Fax 0 62 62-56 21

In Österreich:

A-1140 Wien, Andreas Lechner-Straße 5,
Fon + Fax (01) 9 79-17 98 · e-mail: naturgarten@magnet.at

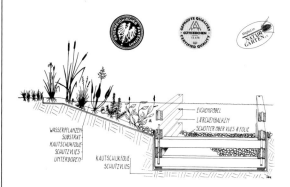

Kreative Ideen für die Gartengestaltung.

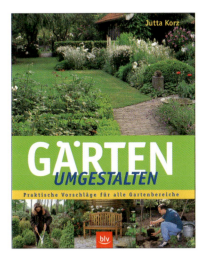

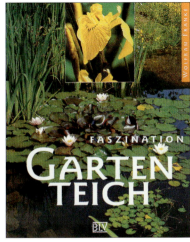

Jutta Korz
Gärten umgestalten
Der Problemlöser: das Praxisbuch zur Garten-Umgestaltung Schritt für Schritt, Vorschläge und Ergebnisse mit konkreten Beispielen vorher – nachher, die Umgestaltung von Teilbereichen, Renovierung ganzer Gärten.

Sunniva Harte
Landhaus-Gärten
Romantische Gärten im ländlichen Stil mit bezaubernden Beispielen und vielen Fotos: Gestaltungsgrundlagen, Strukturierungselemente wie Mauern, Zäune, Wege sowie traditionelle Pflanzen für den Nutz- und Ziergarten.

Wolfram Franke
Faszination Gartenteich
Teichanlage mit verschiedenen Materialien, ökologische Zusammenhänge, Bepflanzungsbeispiele und Pflanzenpflege, Tiere im und am Gartenteich, spezielle Elemente wie z. B. Wasserläufe und Springbrunnen, Gartenteich-Probleme im Überblick.

Francesca Greenoak
Reizvolle Wasserelemente im Garten
Die magische Wirkung von Wasser im Garten: das ganze Spektrum reizvoller Wasserelemente, ihre Integration in den Garten, praktische Tipps für Design und Konstruktion, Instandhaltung und Pflege sowie die geeigneten Pflanzen.

Siegfried Stein
Gartenräume wohnlich gestalten
Ein breites Spektrum an Vorschlägen, wie man »Grüne Zimmer« gestaltet, die eine wohnliche Atmosphäre im Garten schaffen und einen angenehmen Aufenthalt im Freien ermöglichen.

Siegfried Stein
Kleine grüne Paradiese
Originelle Vorschläge aus dem Nutz- und Ziergarten – vom Squarefoot-Gardening über das Kraterbeet mit Gemüse und Kräutern bis zum Naschobst im Balkonkasten – mit genauen Anleitungen, Material- und Sortenempfehlungen.

Im BLV Verlag finden Sie Bücher zu den Themen: Garten und Zimmerpflanzen • Natur • Heimtiere • Jagd und Angeln • Pferde und Reiten • Sport und Fitness • Wandern und Alpinismus • Essen und Trinken

Ausführliche Informationen erhalten Sie bei:
BLV Verlagsgesellschaft mbH • Postfach 40 03 20 • 80703 München
Tel. 089/12705-0 • Fax 089/12705-543 • http://www.blv.de